法律专家为民说法系列丛书

法律专家
教您如何打医疗纠纷官司

陈定好　郝淑红　编著

吉林文史出版社

图书在版编目（ＣＩＰ）数据

法律专家教您如何打医疗纠纷官司 / 陈定好，郝淑
红编著. — 长春：吉林文史出版社，2015.3
（法律专家为民说法系列丛书 / 张宏伟，吴晓明主
编）
ISBN 978-7-5472-2743-5

Ⅰ. ①法… Ⅱ. ①陈… ②郝… Ⅲ. ①医疗事故－民
事纠纷－案例－中国 Ⅳ. ①D922.165

中国版本图书馆 CIP 数据核字(2015)第 043904 号

法律专家教您如何打医疗纠纷官司

编　　著	陈定好　郝淑红
责任编辑	李相梅
责任校对	宋茜茜
丛书主编	张宏伟　吴晓明
封面设计	清　风
美术编辑	李丽薇
出版发行	吉林文史出版社（长春市人民大街4646号）
	全国新华书店经销
印　　刷	三河市祥宏印务有限公司
开　　本	720mm×1000mm　1/16
印　　张	12
字　　数	100 千字
标准书号	ISBN 978-7-5472-2743-5
版　　次	2015 年 7 月第 1 版
印　　次	2018 年 6 月第 3 次
定　　价	35.00 元

如发现印装质量问题，影响阅读，请与印刷厂联系调换。

法律专家为民说法系列丛书

编委会

主　编

张宏伟　　吴晓明

副主编

马宏霞　　孙志彤

编　委

迟　哲	赵　溪	刘　放	郝　义
迟海英	万　菲	秦小佳	王　伟
于秀生	李丽薇	张　萌	胡金明
金　昊	宋英梅	张海洋	韩　丹
刘思研	邢海霞	徐　欣	侯婧文
胡　楠	李春兰	李俊焘	刘　岩
刘　洋	高金凤	蒋琳琳	边德明

PREFACE

【前言】

　　医患关系是社会关系的组成部分,和谐的社会需要和谐的医患关系。近年来,随着市场经济制度的不断完善,政府的责任意识、人们的权利意识、参与意识以及医方对利益的追求等诸多因素使得医患关系越来越敏感, 医患纠纷明显上升,日趋紧张的医患关系正在严重冲击着医院这个曾被视为人道圣洁的场所。医疗纠纷频繁发生,且影响范围越来越大,不仅有损医护人员在患者心目中的形象,而且有损医疗秩序和质量,最终会损害患者的切身利益,医患关系一直是医务工作者和患者共同关心的敏感话题。医疗纠纷问题不仅仅是一个单纯的医疗问题,现在已经演变为一个社会问题。需要指出的是,虽然现代医学有了突飞猛进的发展,分子医学、基因医学、克隆技术等接踵而来,但新的未知的疾病也不断出现,医疗领域中充满着未知数和变数,加上医务人员的医疗技术也存在差异。国内外一致承认医疗确诊率只有70%左右,各种急重症抢救成功率也只在70%—80%。相当一部分疾病原因不明、诊断困难,甚至有较高的误诊率,治疗无望,这就是医学的特殊性和无奈,但也有很多纠纷确实是因为医院医务人员违反了相关的卫生管理法律法规和诊疗常规,从而给患者造成了损害。对于这样的损害,患者可以诉请赔偿。医疗纠纷发生后,由于医患双方实质地位的不平等以及患者对于法学、医学专业知识的缺乏等,导致患者不愿意寻求合法途径去解决纠纷。

　　本书通过"案例展示"、"专家解析"、"专家支招"这三个方面将法律概念、法律原理详细清楚地展现给读者,让读者在不知不觉中学到法律知识。书中每个案例都是精心挑选出来的,具有一定的代表性,希望读者通过阅读此书,增强自己的法律意识,能正确运用法律武器来保护自己。

目 录

CONTENTS

1.什么叫医疗纠纷?

案例:

　　叶某某,男,45 岁,2010 年 4 月 22 日下午三点左右因骑车不慎摔倒致左膝关节肿胀疼痛,活动受限 1 小时入住某医院。经某医院门诊检查,拟"左胫骨平台骨折、左腓骨上端骨折"收住入院。入院后某医院对叶某某进行了简单的石膏外固定, 当天夜里叶某某患肢出现大面积水泡,并剧烈肿胀疼痛难忍,但某医院唯利是图,在患肢水肿没有消退的情况下仓促于 2010 年 4 月 24 日下午自行决定手术。术后叶某某患肢水肿仍不消退, 某医院无视诊疗常规要求叶某某进行早期左膝关节锻炼。2010 年 5 月 10 日原告出院。出院后叶某某仍感患肢疼痛不适,并多次前往某医院就诊,某医院答复手术成功,预后良好。2010 年 10 月 11日和 2010 年 10 月 20 日叶某某分别就诊于某某医科大学附属某某省人民医院和某某市第六人民医院, 经诊断为左胫骨平台骨折术后畸形愈合、左膝关节内翻畸形、左膝关节创伤性关节炎。叶某某后于 2010 年11 月 9 日入住某某人民医院进行内固定取出和左胫骨近端截骨矫形髂骨取骨植骨钢板内固定术, 现叶某某患肢仍遗留疼痛不适并常感左膝关节酸疼难忍,在短距离步行和上下楼梯后明显加重。

专家解析:

　　医疗纠纷通常是指医患双方就医疗机构的诊疗行为产生争议而引

发的医疗损害责任纠纷和医疗服务合同纠纷。这是一个比较狭隘的定义。从广义而言，凡是病人或家属对诊疗护理过程不满意，认为医务人员在诊疗护理过程中有过失或行为不当，造成患者死亡、伤残或其他不良后果，或者对医疗服务质量和态度不满意等情况，要求医院或医生承担行政、民事或刑事责任的事件，统称为医疗纠纷。现一般所指的医疗纠纷以及本书所述均指狭义概念。

以下各种行为不属于医疗纠纷：与诊疗行为无关的医疗设施有瑕疵导致患者受损害；与诊疗行为无关的医疗机构管理有瑕疵导致患者受损害；医务人员非因履行医疗职务行为导致患者受损害；非法行医行为；其他与诊疗行为无关导致医患双方或一方损害的行为等。

本案中叶某某与某医院的纠纷就属于典型的医疗纠纷。叶某某既可以向法院提起医疗损害责任纠纷诉讼也可以向法院提起医疗服务合同纠纷诉讼来维护自身的合法权益。

2.在医院发生的人身损害是否都属于医疗纠纷？

案例：

王某某，男，67岁，因咳嗽发热一周于2013年11月5日入某医院诊治。在医院被诊断为支气管感染，给予抗炎输液等治疗。2013年11月15日，王某某症状体征消失，医院为其办理了出院手续。王某某在医院大厅办理手续时,因大厅地面积水而滑到,导致其右侧股骨颈骨折。遂又入住医院骨科治疗。

专家解析:

本案中王某某已经出院,某医院的治疗行为已经结束。王某某与医院之间的纠纷并不属于对诊疗行为产生的争议,因而不属于医疗纠纷。

虽然本案不属于医疗纠纷,但是由于医院大厅积水没有及时清除也没有设置警示标志,王某某可以根据《侵权责任法》第三十七条"宾馆、商场、银行、车站、娱乐场所等公共场所的管理人或者群众性活动的组织者,未尽到安全保障义务,造成他人损害的,应当承担侵权责任。"的规定向法院提起诉讼来维护自身合法权益。

3.医疗纠纷的解决途径有哪些?

案例:

2011 年 11 月 30 日,李某某因上腹部不适两天,入住某医院。医院经检查后以"胆源性胰腺炎、胆总管结石、胆囊结石"收住该院外科。并给予禁食、补液、抗感染等处理。2011 年 12 月 10 日,医院为其进行了胆囊切除＋胆总管切开取石＋T 管引流术。2011 年 12 月 13 日李某某突然出现晕倒并诉头昏、出汗等,并出现呼吸、心跳骤停,后经抢救无效死亡。李某某死亡后,其家属该如何维权呢?

专家解析：

医疗纠纷发生后,很多患者家属很不冷静,往往很冲动,会对医院作出打砸行为甚至对医生作出伤害。这是很不理性的行为。卫生部、公安部《关于维护医疗机构秩序的通告》中明确指出,公安机关要会同有关部门做好维护医疗机构治安秩序工作,依法严厉打击侵害医务人员、患者人身安全和扰乱医疗机构秩序的违法犯罪活动。通告称,医疗机构是履行救死扶伤责任、保障人民生命健康的重要场所,禁止任何单位和个人以任何理由、手段扰乱医疗机构的正常诊疗秩序,侵害患者合法权益,危害医务人员人身安全,损坏医疗机构财产。

医疗纠纷发生后,患者或患者近亲属可以通过以下三种途径来解决纠纷:1.与医方协商。医疗纠纷协商指医患双方在没有第三方介入的情况下,就医疗纠纷的解决方案进行沟通、谈判取得一致意见的过程。通常是医患双方就医疗纠纷产生的原因、造成的后果、关联性和各自的责任进行交涉,达成一致意见。协商本身也是一种民事法律行为,只要不违法就受法律保护。协商达成的协议与其他契约一样具有《合同法》上的效力,虽不具备强制执行的效力,但受法律保护,任何一方不履行,对方可以向法院起诉要求履行。2.向卫生主管机关投诉,由主管机关调解或者向专门设立的第三方调解机构申请调解。近年来,我国部分城市设立了专门调解医疗纠纷的非营利性调解机构,隶属于司法部门,患者或其近亲属也可以向该机构要求调解。调解是指斡旋于双方之间以便使双方和解。医疗纠纷的调解是指纠纷双方当事人,在第三方的协调、帮助、促进下,进行谈判、商量取得一致意见,消除争议,建立新的权利义务关系。第三方在调解中不为独立的意思表示,在尊重双方当事人意思的前提下,以促成当事人形成一致意思表示为目的,组织调解、促进沟通、提出建议、见证协议。调解协议与协商协议一样具有合同效力,但不具有强制执行效力。3.向人民法院提起诉讼。医疗纠纷的诉讼程序是指人民法院在医患双方和其他诉讼参与人的参加下,审理和解决医疗纠纷案件的程序和过程。医疗纠纷诉讼通俗一点就是打医疗纠纷官司,往往是在协商、调解不能达成协议的情况下,当事人选择的最后解决医疗纠纷的途径。诉讼与协商、调解相比具有两面性,一方面,诉讼体现国家对民事活动的干预,具有强制性、终局性、权威性,是解决医疗纠纷的最有力的程序。另一方面,诉讼作为解决纠纷的一个最严格的程序,也是一个最繁琐的程序,与协商调解相比耗时、费力,且需要诉讼成本支出。

4.发生医疗纠纷后对病历资料如何处理?

❋　　❋　　❋

案例:

2013 年 11 月 22 日,赵某儿子赵某某因发热伴皮肤出疹三天入住某三甲医院,医院初步诊断为猩红热,给予输液等治疗,入院治疗三天后诊断为川崎病。2013 年 11 月 30 日,赵某某在输液过程中突然感觉胸口疼痛,随后心跳呼吸骤停,经抢救无效死亡。赵某对该医院诊疗过程存有疑问,该如何处理?

专家解析:

发生医疗纠纷后,患方首先要做的就是封存病历和领取客观病历复印件。这既是为今后正确处理医疗纠纷做证据准备,也是《医疗事故处理条例》赋予患方的权利。《医疗事故处理条例》第二章第十条"患者有权复印或者复制其门诊病历、住院志、体温单、医嘱单、化验单(检验报告)、医学影像检查资料、特殊检查同意书、手术同意书、手术及麻醉记录单、病理资料、护理记录以及国务院卫生行政部门规定的其他病历资料。"

封存病历的人员,如果是病人本人应持本人有效身份证件到医院的医政科或病案室直接要求封存病历。如果是被授权的人,除本人携带身份证件外还应当持有病人的有效身份证件的复印件,并有病人亲笔写的授权委托书,委托书载明委托事项是复印和封存委托人的某某时段在某某医院的住院病历。如果病人死亡,病人亲属应持病人的死亡医学证明和身份证明,但更重要的是户籍证明,证明申请人与病人之间的亲属关系,医院才会接待。如果病人死亡,病人亲属委托他人复印和封存病历,除上述证明外,还应当持病人亲属身份证复印件及其授权委托书。

封存病历的步骤

一、提出封存要求:到医院医务处(科)提出封存病历的要求,如果遭拒,可向该院所在地区的卫生局医政处(科)举报,要求卫生行政机关督促医院履行义务。

二、点清病历页数:病历调来后,由于医院一般会依据条例拒绝患方阅读的要求,而且病历内容多,专业性强,患方也很难在短时间内看明白,所以患方需要注意的是清点病历页数,然后在医患双方在场的情况下将全部病历复印并封存。

三、封存原件或复印件:封存病历一般是封存原件。为了不致影响医院对病历的管理,也可以对医患双方当场复印的复印件进行封存。医患双方应在封存件的边缘处签字或盖章并注明封存日期。

病历都包括什么?

主观病历:病历分为主观病历和客观病历。主观病历是医务人员根据患者的主诉、症状、体征,并结合各项化验、检查,作出的诊断和治疗方案,并根据患者在治疗过程中病情的变化调整治疗方案。根据条例规定,它包括死亡病例讨论记录、疑难病例讨论记录、上级医师查房记录、会诊意见、病程记录等。主观病历反映了医务人员对患者疾病的认识和治疗方案的制定及调整过程。

客观病历:客观病历主要是对患者进行各项检查和治疗护理过程的客观记录。根据条例规定,它包括门诊病历、住院志、体温单、医嘱单、化验单(检验报告)、医学影像检查资料、特殊检查同意书、手术同意书、手术及麻醉记录单、病理资料、护理记录以及国务院卫生行政部门规定的病历资料。根据条例规定,患方在医院只能复印并领取客观病历。但是患方却可以主动要求将主观性病历资料一并进行封存。因为条例规定主观性病历资料"应当在医患双方在场情况下封存和启封",但并没明确封存主观性病历资料是医疗机构应履行的义务还是可选择的权利,患者要充分利用这一权利。如果患方想得到全部病历,只能在诉讼阶段,依照民事诉讼法律规定在法庭交换证据时实现。

本案中,赵某某可以复印领取客观病历,同时对包括主观病历在内的全部病历进行封存。赵某某拿到客观病历的复印件后可以向专业的医疗纠纷律师或者专业的医师进行咨询,以便初步了解医方在诊疗过程中有无过错,然后再决定是否向法院提起民事诉讼。

5.患者死亡后是否需要尸体解剖? 尸体解剖应该 在何时进行? 如何申请?

案例:

2008年11月21日,柴某某因车祸后头疼头昏一小时入住某二级医院。医院在给予其进行CT检查后确诊为颅内出血。但出血量较少。遂给予保守治疗。患者在输液过程中渐渐神志不清,医院急诊给予其行开颅探查术。柴某某最终抢救无效死在手术台上。医方给出的死亡原因为闭合性颅脑损伤, 颅内出血。死者家属经向专业医疗纠纷律师咨询后,发觉柴某某死于颅内出血的可能性较小,遂对医院给出的死亡原因存有异议。柴某某家属该如何处理?

专家解析:

医疗纠纷导致患者死亡的案件中, 很大一部分死亡不明或不甚明确,这种情况下医疗机构对患者的死亡原因分析是猜测性的,有时按死因可能性的大小列出数个死因。死亡不明确的案例,往往对医疗机构的责任难以认定。进行尸体解剖查明死亡,在医疗纠纷导致患者死亡的案件中是非常必要的。尸体解剖是指由专门的机构对死亡患者的尸体进行解剖以查明死亡原因的过程。有大样本统计资料显示:尸体解剖对死因的查出率在98.6%以上,尸体解剖是查明死因的有效方法。但鉴于我国民众的认识和习俗,患者一方往往不太愿意对亲属进行尸体解剖,这对查明死因及医学科学的发展都是不利的。在医疗纠纷患者死亡的案件中,医方认为要进行尸体解剖时,往往要做很多的说服工作。

根据卫生部发布的《解剖尸体规则》对于尸体解剖的分类,尸体解剖分为普通解剖、病理解剖和法医学解剖。对于医疗纠纷来说,只存在病理解剖和法医学解剖。前者是由医疗机构进行,因此其客观性和公正性受到质疑。后者是由独立的第三方法医鉴定机构进行,因此尸体法医学解剖更为客观公正,也是医疗纠纷案件中查明患者死因最常用的方法。应当注意的是,尸体解剖有一定的时间限制,一般为死亡后48小时内,有冰冻条件的应在7天内进行,如果超过以上时间,则对认定患者的死亡原因不利或不准确,因此,如需进行尸体解剖查明死因应当在以上时间内进行。

因患者死亡发生医疗纠纷的,医患双方如对患者死因有争议或死因不明确,医疗机构一方有义务向患者家属说明尸检的必要性并征询家属的意见,由患者亲属决定是否做尸检。拒绝或者拖延尸检时间而影响对死因判定的,由拒绝或者拖延的一方承担责任。例如《安徽省高级人民法院关于审理医疗纠纷案件若干问题的指导意见》第十条规定"患者就医后死亡,医患双方对死因有异议,医疗机构已书面告知患者一方进行尸检,如因患者一方的原因未行尸检,导致无法认定医疗行为有无过错或过错与损害结果之间是否存在因果关系的，患者一方应承担不利的诉讼后果。如因医疗机构未书面告知而导致未行尸检的，由医疗机构承担不利的诉讼后果。"在该指导意见中对于医方的告知形式要求是书面告知形式。另外，尸检申请应当经死者近亲属同意并签字。如果是患方申请尸体解剖的，一般应当向卫生主管机关提出书面申请，由卫生主管机关向具有独立尸体解剖能力的机构作出委托。如果是医方提出的，应当征得患方的书面同意，然后共同向第三方机构作出委托，或者医患双方共同向卫生主管机关提出申请，由卫生主管机关作出委托。实践中，具有独立尸体解剖能力的第三方机构很多都只接受卫生主管机关的委托。本案中，柴某某的家属可以向卫生主管机关提出尸体解剖的申请，然后由卫生主管机关向第三方机构作出委托。经尸体解剖后明确死因以核对医院的死亡意见，若死因鉴定结论与院方给出的死亡意见不一致，则院方存在医疗过错的可能性很大。从而决定是否向法院提起民事诉讼来维护自身的合法权益。

6.如何确定医疗损害责任纠纷中的原告？

案例 1：

曹某某于 2009 年 6 月 15 日因甲状腺结节至某某医科大学第一附属医院就诊，诊断为甲状腺结节，需手术治疗。术中冰冻病理切片为可疑甲状腺髓样癌，医生却告诉其家属为甲状腺髓样癌，并建议行甲状腺全切术，颈部淋巴结廓清术，家属只能听从医院的意见。结果术后病理切片结果为侵袭性甲状旁腺瘤，伴淋巴细胞性甲状腺炎。术后，患者经常感冒，怕冷，腿浮肿，掉头发，失眠，需要经常到医院检查甲功5项，血常规，彩超，每日须口服2片优甲乐。严重影响了曹某某的生活质量，而且造成了极大的经济损失。此案中，谁是符合法律规定的原告呢？

案例2：

黄某某，女，年龄60岁。2007年7月18日因黄疸伴上腹疼痛被诊断为胆石症，在完善相关检查后行剖腹探查术。术中发现壶腹周围致密粘连，胆管堵塞，以壶腹周围癌的疑问诊断为由拟在术中改变手术方式行胆肠吻合术。经履行告知义务并征得患者亲属同意后实施了胆肠侧侧吻合术，术中取壶腹周围组织进行活检。手术顺利，术后活检未发现癌变，半月后痊愈出院。出院后不足半月，赖某出现高热，急送上级医院，被诊断为：胆肠吻合术后败血症、化脓性肝脓肿、化脓性脑炎。最终死亡。此案中，谁是符合法律规定的原告呢？

案例3：

程某某因怀孕于2012年3月4日开始就诊于某医科大学第二附属医院，建立了门诊病例，遵医嘱进行了各项检查，并坚持随诊，某医科大学第二附属医院一直告知母子正常。2012年12月11日，程某某妊娠期满于某医科大学第二附属医院产房待产，入院诊断为"妊娠高血压综合征(中度)、发热待查、胎儿窘迫"，该决定行阴道试产。当晚7时出现胎儿呼吸窘迫，医生决定使用产钳助产，头部拉出后又出现肩难产，反复牵拉才将孩子取出,结果造成新生儿头颈部多处皮肤牵拉伤、右肩关节脱位、右臂丛神经损伤、缺血缺氧性脑病。此案中,谁是符合法律规定的原告呢?

专家解析:

因诊疗行为受到损害,依法向人民法院提起诉讼的患者,为医疗纠纷的原告。患者死亡,其近亲属为原告。患者死亡的,请求抚养费的原告是患者生前依法应当承担扶养义务的未成年人或者没有劳动能力又没有生活来源的成年近亲属。根据最高人民法院《关于贯彻执行〈中华人民共和国民法通则〉若干问题的意见(试行)》第十二条的规定:"民法通则中规定的近亲属,包括配偶、父母、子女、兄弟姐妹、祖父母、外祖父母、孙子女、外孙子女。"父母包括养父母和形成扶养关系的继父母,子女包括养子女和形成扶养关系的继子女。同时,由于配偶父母子女处于第一顺位的继承人,因此只有在第一顺位的继承人都不在的情况下,第二顺位的继承人兄弟姐妹、祖父母、外祖父母、孙子女、外孙子女才可以作为原告。

另外,案例1中因诊疗行为受到损害的是曹某某,因此符合法律规定的原告为曹某某本人。而在案例2中,因黄某某死亡,符合法律规定的原告为黄某某的近亲属,而配偶、父母、子女为第一顺位继承人,因此案例2的原告为黄某某的配偶、父母和子女。案例3中因诊疗行为受到损害的是出生的婴儿,符合法律规定的原告实婴儿本人。当然,由于婴儿属于无民事行为能力人,其父母作为监护人,是婴儿的法定代理人,由其法定代理人向法院提起民事诉讼。

7.如何确定医疗损害责任纠纷中的被告

案例 1：

  2011 年 11 月 17 日,马女士入住某二甲医院待产,医生检查后估计胎儿体重可能在 8 斤左右。马女士虽然是第二胎,但医院考虑其身高仅 1.51 米,前次分娩已 6 年,自然分娩有一定难度,故决定给马女士施行剖腹产手术。当日下午 16:50,黄女士剖腹产产下一女婴,体重 7.8 斤。手术后的晚上 20 点多,马女士出现阴道出血多等现象,医院给予了治疗。到了晚上 21 点多马女士出现呼之不应,面色苍白等症状。医院给马女士输液治疗后,马女士才苏醒。但到了 22 点多马女士再次出现了休克状态,面色苍白,呼之不应,阴道大量出血约有 900 毫升,医院遂对马女士实施子宫切除手术,术后马女士处于昏迷状态。医院虽然请来外院医师会诊协助诊疗,但马女士最终还是因抢救无效死亡。经诊断,马女士的死因为:多脏器功能衰竭,弥漫性血管内凝血,休克,羊水栓塞,产后出血。该案中符合法律规定的被告是谁?

案例 2：

  2009 年 11 月份,刘某因颈部不适,开车带着妻子、儿子去某县某某镇某村卫生室进行按摩治疗,该卫生室医师贾某某在对刘某实施按摩过程中,听到颈部"嘎"的一声,刘某便当即倒在地上,被紧急送往县医院,后又先后转入某市医院、某医科大学附属医院治疗。因伤情严重,医院对其实施截瘫手术。经鉴定,刘某的伤情为一级伤残,与不当按摩有直接因果关系。该案中符合法律规定的被告是谁?

案例 3:

2011 年 1 月 24 日,王某在煤矿工作中被煤块砸伤右侧大腿,伤处肿胀、疼痛被紧急送往 a 医院治疗。门诊医生查体发现患者右侧大腿上段外侧肿胀明显,畸形,右大腿屈曲不能,伸直活动明显受限,局部压痛(+),纵向叩击痛(+),患肢较健肢短约 3cm。X 光片显示:右股骨上段骨折,初步诊断为闭合性右股骨转子下骨折。1 月 28 日,a 医院为王某实施了右股骨切开复位带锁髓内针内固定术,术后恢复良好,于 2000 年 3 月 20 日出院。出院嘱病人扶腋杖行走,轻度负重,一月后复查,骨折愈合后拆钢钉。此后病人未来医院复诊,也未来医院拆除钢钉。2006 年 7 月 15 日,王某再次就诊于 a 医院,通过 X 线片辅助检查初步诊断为右股骨干陈旧性骨折、髓内针折断、假关节形成。2006 年 7 月 8 日,a 医院为患者进行了髓内针取出术、右股骨干髓内针固定和植骨术,术后恢复良好,但因患侧肢体缩短,造成残疾。该案中谁是符合法律规定的被告?

案例 4:

2013 年 12 月 20 日,黄某某因第三胎停经 30+2 周,反复无痛性阴道流血 11+ 小时入住淮南市 a 医院妇产科。入院诊断为:1.G3P1 孕30+2 周、LOA、前置胎盘、疤痕子宫。入院后,a 医院对其进行了一系列的检查与治疗。2013 年 12 月 25 日 a 医院为黄某某实施了"子宫下段剖宫产术"。术后因持续发热不退又被转入 a 医院重症医学科治疗,但治疗无任何效果,2014 年 1 月 3 日黄某某家人将黄某某用 120 转入被告 b 省立医院,b 省立医院严重违反诊疗常规, 以其无病床为由将黄某某不予收住入院,仅给予在门诊观察室输液治疗。黄某某家人无奈,又使用 120 急救车将黄某某转入某医科大学第一附属 c 医院。c 医院也以无床位为由拒绝收治,对黄某某不管不问长达约一小时,任由黄某某在 c 医院走廊的担架上停留, 期间也未予黄某某任何治疗。后黄某某于 2014 年 1 月 4 日抽搐死亡。c 医院给出的死亡原因为窒息死亡。

专家解析:

患者起诉的,下列情形中区别情况确定被告:

(一)医疗机构有执业许可证和法人资格的,该医疗机构为被告。

(二)国家机关、企、事业单位设立为内部职工服务的门诊部、卫生所(室),虽领有医疗机构执业许可证,但不具备法人资格的,以设立单位为被告。

(三)依法设立的不具备法人资格的个体、私营诊所,以医疗机构执业许可证或医生执业资质证上载明的单位或个人为被告。

(四)个人与农村集体经济组织签订承包合同以村卫生所(室)的名义行医的,或者有证据证明农村集体经济组织对个人以村卫生所(室)的名义行医的行为知悉并未做反对表示的, 以发包的农村集体经济组织和个人为共同被告。

(五)医疗机构外请专家进行医疗活动产生的医疗纠纷,以邀请医疗机构为被告。

（六）医疗机构将内设科室承包给个人的，以医疗机构为被告。

患者在两个以上医疗机构就诊，以就诊的各医疗机构为共同被告。

因医疗产品缺陷或者输入不合格血液导致患者损害的，患者可以以就诊的医疗机构和医疗产品的生产者和销售者或血液提供机构作为共同被告。

专家支招：

案例 1 中是最常见的情况，由于某二甲医院具有医疗机构执业许可证和独立的法人资格，因此，该二甲医院为被告。案例 2 中，开办卫生室的某村村委和贾某为共同被告。案例三中，a 医院和钢板的生产者和销售者为共同被告。案例 4 中，黄某某的近亲属可以 a、b、c、三家医院为共同被告。

8.医疗纠纷如何选择起诉案由？

案例：

2012 年 7 月 16 日，周某某因右下腹包快伴疼痛不适一周在某医科大学第一附属医院就诊。某医院对其进行了腹部 B 超及腹部 CT 检查，结果提示为卵巢 Ca 可能。于是，该医院又对其进行了核磁共振及 pet-ct 检查。检查结论为卵巢 Ca 高度可疑。某医院在无病理支持的情况下就告诉周某某，其已经被确诊为卵巢癌，已经不具备手术条件，对其进行放化疗。在该医院行放化疗治疗近两个月后，周某某头发脱落并伴有放射性肠炎。2012年9月20日周某某来到了某省立医院就诊。省立医院拟"腹部包块，右侧卵巢癌？"收住入院，并行剖腹探查术。术中快速冰冻病理提示为"右侧巧克力囊肿"（一种良性肿瘤）。周某某得知自己是良性肿瘤后，一边庆幸自己总算可以摆脱死神的纠缠，另一方面对某医科大学附属医院的误诊误治非常不满。周某某在某医科大学附属医院处花费了医疗费共约6万元。如果周某某向法院起诉，该如何选择案由呢？

专家解析：

在《侵权责任法》出台以前，患方起诉案由和我国各级法院受理医疗纠纷案件的案由非常混乱。"人身损害赔偿"、"医疗赔偿"、"医疗事故赔偿"、"医疗事故损害赔偿"、"医疗纠纷"、"医疗引起的人身损害赔偿"、"医疗服务合同"、"医疗产品质量纠纷"等各种案由名称均可见诸于法律文书。出现这种混乱原因，一方面是当事人在起诉时，不清楚或者暂时不能确定案件各方的法律关系，更主要的原因是在与各地法院法官对医疗纠纷案件认识的不统一。随着《侵权责任法》的出台，以及最高人民法院公布修改后的《民事案件案由规定》，现在对于医疗纠纷的案由已经基本统一了。最高人民法院在《民事案件案由规定》中将民事案件分为10部分43类424种，在种案由下还有若干项。其中涉及医疗纠纷的案由有服务合同纠纷之医疗服务合同纠纷和侵权责任纠纷之医疗损害责任纠纷。在医疗损害责任纠纷种下还有"侵害患者知情同意责任纠纷"和"医疗产品责任纠纷"两个项。当行为人的行为既符合违约责任的构成要件,又符合侵权责任的构成要件,就属于违约责任和侵权责任的竞合。我国《合同法》第一百二十二条规定:"因当事人一方的违约行为,侵害对方人身、财产利益的,受损害方有权选择依照本法要求其承担违约责任或者依照法律要求其承担侵权责任。"以法律的形式对违约责任和侵权责任的问题做出规定。责任竞合现象是伴随着合同法和侵权法的独立就已经产生的现象,是法律无法消除的客观存在。我国法律采用允许竞合和选择请求权的制度,不仅是总结我国立法和司法实践的结果,而且是对世界上先进立法经验的吸收和借鉴。至于到底是选择违约还是侵权,则由受害人选择请求权,选择对其更加有利的方式提起诉讼和请求。既充分尊重受害人的意思,亦有利于对受害人的保护。相对于受害人来说,则是请求行为人承担责任之请求权竞合。代理律师应当根据案件的具体情况,结合两类诉讼不同的特点,选择对当事人最为有利的案由。在医疗纠纷民事诉讼中,受害人不能双重请求,只能选择其一主张权利,相对人只承担违约责任或侵权责任,而不承担双重责任。理论上认识的分歧和实践中处理的不同,使得将医疗纠纷案件一律作为侵权案件处理是比较普遍的现象。其原因在于:1.最高人民法院有关民事赔偿的司法解释,只规定侵权赔偿的计算,而无违约赔偿的计算。2.侵权赔偿可以主张精神抚慰金,而违约赔偿不能主张精神抚慰金。3.医疗服务合同双方的权利义务不够明确。

医疗违约之诉与医疗侵权之诉存在许多不同,主要区别如下:

归责原则不同

医疗违约之诉采用无过错责任原则,只要当事人不履行合同义务或者履行合同义务不符合约定,无论其是否具有过错,只要没有免责事由,就要承担违约责任。医疗侵权之诉一般采用过错责任原则,医疗机构只有在其存在过错的情况下才有可能承担民事责任。

举证责任不同

在医疗违约之诉中,原告需证明其与被告存在医疗服务合同关系;不履行合同义务的,由负有履行义务的当事人承担举证责任;对于履行合同义务不符合约定的,谁主张,谁举证。在医疗侵权之诉中,患方除需要证明与医方存在医疗服务合同关系外,还需要证明医方存在医疗过错并发生了损害后果。而医方对于医疗行为与损害结果之间不存在因果关系承担举证责任。

诉讼时效不同

违约之诉的诉讼时效期间为2年,而侵权之诉的诉讼时效期间为1年。

赔偿范围不同

医疗违约之诉与医疗侵权之诉的主要区别是医疗违约之诉不能主张精神抚慰金,而医疗侵权之诉可以主张且通常会得到法院支持。对财产损失的赔偿范围二者基本一致。

本案中周某某既可以某医科大学附属医院违反医疗服务合同为由提起医疗服务合同纠纷诉讼要求其退还所花费的医药费用,也可以以其误诊误治导致其身体受到损害为由提起医疗损害责任纠纷。但是由于医疗服务合同纠纷诉讼中不可以主张精神损害赔偿,而本案中鉴于周某某身体和心灵受到的巨大伤害,周某某可以医疗损害责任纠纷为由向法院提起诉讼。

9.医疗纠纷案件的诉讼时效？

案例：

2007年2月1日，杨某因交通事故致右小腿受伤在医院住院治疗。医院为其做了"右胫骨切开复位钢板螺钉内固定"手术。当年3月30日杨某出院。2008年5月8日，杨某感到腿部疼痛，他到医院检查时，被告知其体内用于固定的钢板断裂，需重新安装内固定钢板，于是他再次入院治疗。由于钢板断裂致使杨某一年多不能正常工作和生活，并给他造成极大的痛苦和经济损失。杨某经与医院协商无果准备向法院提起诉讼，那么医疗纠纷案件的诉讼时效是多长呢？杨某有没有超过诉讼时效呢？

专家解析：

我国《民法通则》对诉讼时效做出了规定。第一百三十五条规定向人民法院请求保护民事权利的诉讼时效期间为二年，法律另有规定的除外。第一百三十六条下列的诉讼时效期间为一年：

（一）身体受到伤害要求赔偿的；

（二）出售质量不合格的商品未声明的；

（三）延付或者拒付租金的；

（四）寄存财物被丢失或者损毁的。

第一百三十七条 诉讼时效期间从知道或者应当知道权利被侵害时起计算。但是，从权利被侵害之日起超过二十年的，人民法院不予保护。有特殊情况的,人民法院可以延长诉讼时效期间。

第一百三十八条 超过诉讼时效期间,当事人自愿履行的,不受诉讼时效限制。

第一百三十九条 在诉讼时效期间的最后六个月内,因不可抗力或者其他障碍不能行使请求权的,诉讼时效中止。从中止时效的原因消除之日起,诉讼时效期间继续计算。

第一百四十条 诉讼时效因提起诉讼、当事人一方提出要求或者同意履行义务而中断。从中断时起,诉讼时效期间重新计算。

医疗损害责任纠纷案件的诉讼时效属于短期诉讼时效,为 1 年。因此,患者在知道或者应当知道其权利被侵害时起应该在 1 年内向人民法院提起民事诉讼。本案中,杨某某可以在知道受伤害之日或者治疗终结之日起 1 年内向法院提起诉讼。当然,杨某某和医院协商处理此事时已经构成了诉讼时效的中断,从协商之日起,诉讼时效重新计算。

10.是否可以申请减免或缓交诉讼费用?

案例:

2007 年 7 月 22 日,李某骑车上班途中不慎摔倒,致左大腿股骨骨折,随即被送往山西省某医院住院治疗。医院为李某动了手术后不久,其原本正常的右小腿和右脚的知觉竟逐渐退化。经查,李某右骶丛神经已损伤。后经鉴定,李某右腿损伤被定为六级伤残。为此,李某将医院告上法庭提出 30 万元的索赔请求。但由于前期手术用去了大量医疗费用,加之手术后构成了伤残,李某已无力负担诉讼费用,对此,李某该怎么办呢?

专家解析:

《最高人民法院关于对经济确有困难的当事人提供司法救助的规定》第二条,本规定所称司法救助,是指人民法院对于当事人为维护自己的合法权益,向人民法院提起民事、行政诉讼,但经济确有困难的,实行诉讼费用的缓交、减交、免交。

第三条规定:当事人符合本规定第二条并具有下列情形之一的,可以向人民法院申请司法救助:

(一)追索赡养费、扶养费、抚育费、抚恤金的;

(二)孤寡老人、孤儿和农村"五保户";

(三)没有固定生活来源的残疾人、患有严重疾病的人;

(四)国家规定的优抚、安置对象;

(五)追索社会保险金、劳动报酬和经济补偿金的;

(六)交通事故、医疗事故、工伤事故、产品质量事故或者其他人身伤害事故的受害人,请求赔偿的;

(七)因见义勇为或为保护社会公共利益致使自己合法权益受到损害,本人或者近亲属请求赔偿或经济补偿的;

(八)进城务工人员追索劳动报酬或其他合法权益受到侵害而请求赔偿的;

(九)正在享受城市居民最低生活保障、农村特困户救济或者领取失业保险金,无其他收入的;

(十)因自然灾害等不可抗力造成生活困难,正在接受社会救济,或者家庭生产经营难以为继的;

(十一)起诉行政机关违法要求农民履行义务的;

（十二）正在接受有关部门法律援助的；

（十三）当事人为社会福利机构、敬老院、优抚医院、精神病院、SOS儿童村、社会救助站、特殊教育机构等社会公共福利单位的；

（十四）其他情形确实需要司法救助的。

本案中，李某可以向管辖法院提出诉讼费用的缓交、减交、免交申请，根据上述最高人民法院的规定的第四条"当事人请求人民法院提供司法救助，应在起诉或上诉时提交书面申请和足以证明其确有经济困难的证明材料。其中因生活困难或者追索基本生活费用申请司法救助的，应当提供本人及其家庭经济状况符合当地民政、劳动和社会保障等部门规定的公民经济困难标准的证明。"

第五条规定：人民法院对当事人司法救助的请求，经审查符合本规定第三条所列情形的，立案时应准许当事人缓交诉讼费用。李某只要提供上述证明材料就可以获得法院对于诉讼费用的缓交，从而摆脱无钱打官司的困境。

11.患者在多家医疗机构就医后发生医疗损害如何确定一审管辖地？

案例：

2013年3月15日，吴某某因患有宫颈鳞状细胞癌入住某市第一人民医院，3月21日医院为吴某某行子宫切除术，术后吴某某膀胱及阴道渗漏。吴某某转院至外省某医院，2013年10月22日，该医院为吴某某行膀胱阴道瘘修补术，术后又造成肠瘘及大小便失禁，后医院又行结肠修补术。该案中,吴某某应当向哪家医院所在地的法院提起诉讼?是否可以把两家医院都作为被告?

专家解析:

患者在两个以上医疗机构就诊,以就诊的各医疗机构为共同被告提起诉讼的,人民法院应予准许。患者一方仅起诉部分医疗机构的,人民法院可以依医疗机构的申请追加患者就诊的其他医疗机构为共同被告。为查明事实需要,人民法院也可以依职权追加患者就诊的其他医疗机构为当事人。《中华人民共和国民事诉讼法》第二十一条第三款规定同一诉讼的几个被告住所地、经常居住地在两个以上人民法院辖区的,各该人民法院都有管辖权。

患者作为没有专业医学知识的人,无法判断所就诊的几家医院中哪家医院存在过错,为维护自己的合法权益,患者可以把就诊的各医疗机构都作为被告,通过医疗损害鉴定来确定各家医疗机构是否具有责任。根据《最高人民法院关于审理人身损害赔偿案件适用法律若干问题的解释》的规定,人身损害的赔偿按照受诉法院所在地上一年度人身损害赔偿标准来确定,因此患方可以选择人身损害赔偿标准较高的医院所在地的人民法院作为一审管辖地。

12.医疗损害责任纠纷中的赔偿项目有哪些?

❋　　❋　　❋

案例1:

患者余某某,男,62岁,因从高处坠落致左腹部胀痛不适,急诊入某市立医院,行剖腹探查＋左肾切除术,术后腹腔内大量出血至休克,5日后急诊第二次剖腹探查行胰体尾切除＋脾切除＋腹腔纱布填塞止血术,术后患者出现黄疸无尿等多脏器功能不全表现,医院予输血、补充凝血因子、脏器功能支持等对症处理,患者未见明显好转,转上级医院诊断:高处坠落伤术后(脾胰体尾切除、左肾切除术后、腹腔纱布填塞术后);低血容量性休克;多脏器功能不全(急性肾衰竭、肝功能不全、凝血功能障碍);酒精性肝硬化;腰椎横突骨折。给予止血、输血、抗感染、保护重要脏器功能、CRRT、营养支持等治疗,最终患者病情严重抢救无效死亡。余某某父母均已过世,妻子未满60周岁,子女已成年。该案余某某的近亲属提起诉讼主张的赔偿项目有哪些?

案例 2:

患者王某某,女,30岁,因自幼发现心脏杂音于2010年7月12日入住某医院心胸外科治疗。综合患者病史、体检及辅助检查结果,医院诊断王某某患先天性心脏病,动脉导管未闭,左室流出道狭窄(轻度),二尖瓣关闭不全(中度)、三尖瓣关闭不全(中度)。患者签署相关知情同意书后,医院于2010年7月22日为患者在全麻体外循环下行动脉导管缝闭＋二尖瓣置换＋三尖瓣成形术。术后早期因引流较多,患者两次再入手术室探查止血。术后患者出现心功能不全、感染等病情反复,医院加强监护,积极纠治心肺等脏器功能,予以强心利尿、降肺动脉压、抗感染、补充电解质、营养支持等对症治疗,患者病情趋向稳定,但最终患者仍不能言语、不能自主坐卧和站立,生活需专人护理。王某某父母未满60周岁,丈夫去世,只有一个女儿4岁。医患双方协商无果,王某某家人提起了诉讼,该案中主张的赔偿项目有哪些?

专家解析：

根据法律规定人身损害赔偿的项目及计算标准有:《最高人民法院关于审理人身损害赔偿案件适用法律若干问题的解释》第十七条受害人遭受人身损害,因就医治疗支出的各项费用以及因误工减少的收入,包括医疗费、误工费、护理费、交通费、住宿费、住院伙食补助费、必要的营养费,赔偿义务人应当予以赔偿。

受害人因伤致残的，其因增加生活上需要所支出的必要费用以及因丧失劳动能力导致的收入损失,包括残疾赔偿金、残疾辅助器具费、被扶养人生活费，以及因康复护理、继续治疗实际发生的必要的康复费、护理费、后续治疗费,赔偿义务人也应当予以赔偿。

受害人死亡的，赔偿义务人除应当根据抢救治疗情况赔偿本条第一款规定的相关费用外,还应当赔偿丧葬费、被扶养人生活费、死亡补偿费以及受害人亲属办理丧葬事宜支出的交通费、住宿费和误工损失等其他合理费用。

第十八条 受害人或者死者近亲属遭受精神损害,赔偿权利人向人民法院请求赔偿精神损害抚慰金的,适用《最高人民法院关于确定民事侵权精神损害赔偿责任若干问题的解释》予以确定。

精神损害抚慰金的请求权,不得让与或者继承。但赔偿义务人已经以书面方式承诺给予金钱赔偿，或者赔偿权利人已经向人民法院起诉的除外。

第十九条 医疗费根据医疗机构出具的医药费、住院费等收款凭证,结合病历和诊断证明等相关证据确定。赔偿义务人对治疗的必要性和合理性有异议的,应当承担相应的举证责任。

医疗费的赔偿数额,按照一审法庭辩论终结前实际发生的数额确定。器官功能恢复训练所必要的康复费、适当的整容费以及其他后续治疗费,赔偿权利人可以待实际发生后另行起诉。但根据医疗证明或者鉴定结论确定必然发生的费用,可以与已经发生的医疗费一并予以赔偿。

第二十条 误工费根据受害人的误工时间和收入状况确定。

误工时间根据受害人接受治疗的医疗机构出具的证明确定。受害人因伤致残持续误工的,误工时间可以计算至定残日前一天。

受害人有固定收入的,误工费按照实际减少的收入计算。受害人无固定收入的,按照其最近三年的平均收入计算;受害人不能举证证明其最近三年的平均收入状况的,可以参照受诉法院所在地相同或者相近行业上一年度职工的平均工资计算。

第二十一条 护理费根据护理人员的收入状况和护理人数、护理期限确定。

护理人员有收入的,参照误工费的规定计算;护理人员没有收入或者雇佣护工的,参照当地护工从事同等级别护理的劳务报酬标准计算。护理人员原则上为一人,但医疗机构或者鉴定机构有明确意见的,可以参照确定护理人员人数。

护理期限应计算至受害人恢复生活自理能力时止。受害人因残疾不能恢复生活自理能力的,可以根据其年龄、健康状况等因素确定合理的护理期限,但最长不超过二十年。

受害人定残后的护理,应当根据其护理依赖程度并结合配制残疾辅助器具的情况确定护理级别。

第二十二条 交通费根据受害人及其必要的陪护人员因就医或者

转院治疗实际发生的费用计算。交通费应当以正式票据为凭;有关凭据应当与就医地点、时间、人数、次数相符合。

第二十三条 住院伙食补助费可以参照当地国家机关一般工作人员的出差伙食补助标准予以确定。

受害人确有必要到外地治疗,因客观原因不能住院,受害人本人及其陪护人员实际发生的住宿费和伙食费,其合理部分应予赔偿。

第二十四条 营养费根据受害人伤残情况参照医疗机构的意见确定。

第二十五条 残疾赔偿金根据受害人丧失劳动能力程度或者伤残等级,按照受诉法院所在地上一年度城镇居民人均可支配收入或者农村居民人均纯收入标准,自定残之日起按二十年计算。但六十周岁以上的,年龄每增加一岁减少一年;七十五周岁以上的,按五年计算。

受害人因伤致残但实际收入没有减少,或者伤残等级较轻但造成职业妨害严重影响其劳动就业的,可以对残疾赔偿金作相应调整。

第二十六条 残疾辅助器具费按照普通适用器具的合理费用标准计算。伤情有特殊需要的,可以参照辅助器具配制机构的意见确定相应的合理费用标准。

辅助器具的更换周期和赔偿期限参照配制机构的意见确定。

第二十七条 丧葬费按照受诉法院所在地上一年度职工月平均工资标准,以六个月总额计算。

第二十八条 被扶养人生活费根据扶养人丧失劳动能力程度,按照受诉法院所在地上一年度城镇居民人均消费性支出和农村居民人均年生活消费支出标准计算。被扶养人为未成年人的,计算至十八周岁;被扶养人无劳动能力又无其他生活来源的,计算二十年。但六十周岁以上的,年龄每增加一岁减少一年;七十五周岁以上的,按五年计算。

被扶养人是指受害人依法应当承担扶养义务的未成年人或者丧失劳动能力又无其他生活来源的成年近亲属。被扶养人还有其他扶养人的,赔偿义务人只赔偿受害人依法应当负担的部分。被扶养人有数人的,年赔偿总额累计不超过上一年度城镇居民人均消费性支出额或者农村居民人均年生活消费支出额。

第二十九条 死亡赔偿金按照受诉法院所在地上一年度城镇居民人均可支配收入或者农村居民人均纯收入标准,按二十年计算。但六十周岁以上的,年龄每增加一岁减少一年;七十五周岁以上的,按五年计算。

另外,案例1中余某某近亲属提起诉讼可以主张的赔偿项目有医疗费、护理费、住院伙食补助费、交通费、住宿费、死亡赔偿金、丧葬费、精神抚慰金、亲属办理丧事支出的交通费、住宿费和误工损失等。案例2中王某某可以主张的赔偿项目有医疗费、护理费、误工费、住院伙食补助费、交通费、住宿费、残疾赔偿金、被扶养人生活费、残疾辅助器具费、精神抚慰金、后续治疗费等。由于患者治疗已经花费大量的费用,提起诉讼时根据法律规定是原告必须先预交诉讼费用,而此时患方无法确定医疗机构是否存在过错及过错责任大小,为节省支付诉讼费,患方可以提起诉讼时选择主张部分赔偿项目,少交诉讼费,推动案件进入诉讼程序,待鉴定结果出来后再根据结果变更诉讼请求。

13.如何查明医生是否具有医师执业证书、护士是否具有护士执业证书？

案例 1：

2013 年 11 月 20 日高龄产妇刘女士到王某某经营的诊所生产，所生女婴出生时严重窒息，由于王某某没有抢救知识，女婴转送至医院时已经死亡。女婴家属后来查明诊所及经营者没有医疗机构执业许可证和医师执业证，报案后该案转化为刑事案件，王某某因未取得医师执业资格非法进行诊疗活动，造成就诊者死亡，构成非法行医罪，法院判处王某某有期徒刑十年，剥夺政治权利两年，并处罚金人民币一万元。女婴家属另行提起民事诉讼，获得了民事赔偿。

女婴家属怀疑该诊所及经营者没有医疗机构执业许可证和医师执业证，该如何查明？

案例 2：

患者李某某于 2009 年 7 月 8 日因交通事故造成多发伤入住某县人民医院，诊断为腹腔闭合性损伤及多发伤，因诊断性腹穿抽出不凝血诊断腹腔内出血，失血性休克，急诊全麻下行剖腹探查，术中见腹腔大量鲜血及凝血块，约 1000ml，脾脏下极一长约 7.5cm 裂口，全层裂开，遂行脾脏切除术。术后入 ICU，该医院 ICU 与普通病房没有分别，仅门牌上标明是 ICU，由患者家属看守陪护，看护过程中，患者家属发现患者呼吸渐急促，喊来当班医生，医生看过后说是术后正常反应，后患者口唇发紫，呼吸困难，家属再次喊来当班医生，医生实施抢救，最终抢救无效患者死亡。经查医院当班医生没有医生执业资格，是医院聘用人员。

专家解析：

《中华人民共和国执业医师法》第十二条，医师资格考试成绩合格，取得执业医师资格或者执业助理医师资格。第十三条，国家实行医师执业注册制度。取得医师资格的，可以向所在地县级以上人民政府卫生行政部门申请注册。第十四条，医师经注册后，可以在医疗、预防、保健机构中按照注册的执业地点、执业类别、执业范围执业，从事相应的医疗、预防、保健业务。未经医师注册取得执业证书，不得从事医师执业活动。第十九条，申请个体行医的执业医师，须经注册后在医疗、预防、保健机构中执业满五年，并按照国家有关规定办理审批手续；未经批准，不得行医。第二十条，县级以上地方人民政府卫生行政部门应当将准予注册和注销注册的人员名单予以公告，并由省级人民政府卫生行政部门汇总，报国务院卫生行政部门备案。《护士条例》第七条，护士执业，应当经执业注册取得护士执业证书。

只有具有医师执业证书和护士执业证书才能在医疗机构从事医疗、预防、保健和护理工作。发生医疗纠纷后，患者及家属往往质疑医生和护士是否具有从业资格，对此患方可以通过中华人民共和国国家卫生和计划生育委员会官方网站查询经治医生和护士是否具有执业资格以及执业地点、类别和范围。

14.医疗损害责任纠纷中举证责任的分配?

案例：

患者白某因感冒前往某医院就诊，接诊医生听诊后开取了药物和针剂，值班护士给白某进行静脉注射，约十余分钟后，白某出现寒战等异常现象，经抢救后，白某脱离危险，经住院治疗诊断为脑水肿，随后白某出现痴呆。白某父母陪同白某前往各地治疗，均无任何效果。白某父母代其诉至法院。诉讼中医患双方应如何分配举证责任？

专家解析：

《侵权责任法》第五十四条：患者在诊疗活动中受到损害，医疗机构及其医务人员有过错的，由医疗机构承担赔偿责任。自侵权责任法2010年7月1日实施以来，以前根据最高人民法院《关于民事诉讼证据的若干规定》第四条中确立的因医疗行为引起的侵权诉讼，由医疗机构就医疗行为与损害结果之间不存在因果关系及不存在医疗过错承担举证责任发生了改变，侵权责任法实施后的医疗损害责任纠纷案件，患者除应当提供证据证明医患双方之间存在医疗关系以及发生医疗损害的事实和损害后果外，还应当提供医疗机构的医疗行为有过错的证据，医疗机构主张医疗行为与损害后果之间不存在因果关系的，应当提供相应的证据证明。

医疗机构以患者或者其近亲属不配合医疗机构进行符合诊疗规范

的诊疗、医务人员在抢救生命垂危的患者等紧急情况下已经尽到合理诊疗义务以及限于当时的医疗水平难以诊疗的三种情形为由主张医疗机构不承担患者损害的赔偿责任的,应当由医疗机构承担举证责任。

医疗产品损害责任纠纷案件,由患者对医疗产品缺陷及损害事实承担举证责任。

医疗机构负有履行告知义务的举证责任。

案例中患方应提供证据证明与医方存在医疗服务合同关系以及损害后果的证据,医方应当提供诊疗行为与损害后果之间不存在因果关系的证据。由于医疗服务行业专业性强的特点,加上医学各种诊疗护理常规繁多,患者及家属无法自己提供医疗机构存在过错的证据,可以以住院病历、门诊病历、挂号单、付费凭证等作为证据证明与医疗机构存在医疗服务合同关系提起诉讼,同时申请对医疗机构的诊疗行为是否存在过错进行鉴定,通过由具有专业知识的鉴定人作出的鉴定意见来完成自己的举证责任。由于法官也没有专业的医学知识,无法判断是否采信医方提交的证明不存在因果关系的证据,因此医方也可以通过申请因果关系鉴定与患方申请的过错鉴定共同进行来完成自己的举证责任。

15.医疗损害责任纠纷中鉴定机构的选择?

❀ ❀ ❀

案例:

患者,女,53岁,因外伤致左手掌肿胀、疼痛4小时入院。诊断:左第一掌骨骨折,行左第一掌骨骨折切开复位内固定术,手术成功,两天后患者出现意识丧失,医院进行了抢救,血压脉搏等趋于稳定,但意识未恢复。后患者多次出现呼吸困难,甚至呼吸停顿,经气管插管和呼吸机辅助通气等治疗,患者仍呈昏迷状态,无自主呼吸。最终患者并发肺部感染、感染中毒性休克、多脏器功能衰竭死亡。患者家属诉至法院申请医疗鉴定,本案该如何选择医疗鉴定机构?

专家解析:

医疗鉴定包括医疗事故技术鉴定和医疗过错鉴定,统称医疗损害鉴定,医疗事故技术鉴定应当委托医学会进行鉴定。医疗过错鉴定,可以由医学会也可以由具有相应资质的司法鉴定机构进行。目前除了《侵权责任法》第七章规定了医疗损害责任外,全国许多省份高级人民法院在《侵权责任法》实施后相继出台了关于审理医疗纠纷案件的司法解释。患者以医疗损害责任纠纷诉至法院前就应当查询本省所规定医疗鉴定是必须由医学会进行鉴定还是可以选择医学会或者司法鉴定机构进行鉴定。医学会的医疗事故技术鉴定,鉴定人不在鉴定意见上署名、一般也不出庭,鉴定结论不符合《关于民事诉讼证据的若干规定》的证据形式的客观要求,作为证据具有致命的程序缺陷,但全国许多省份高级人民法院通过出台指导意见对医疗事故技术鉴定结论予以确认,而且医学会的鉴定专家为当地医疗机构医生,多数时候存在同行相护的情结。而司法鉴定中立性强,鉴定人在鉴定意见上署名并对自己的结论承担法律责任。如果可以选择医学会或者司法鉴定机构进行鉴定,应尽量选择司法鉴定机构进行医疗过错鉴定。

16.实施手术是否需要患者本人签字?

案例:

　　患者孙某某,男,26 岁,因右顶枕部脑膜瘤术后复发于 2010 年 11 月 17 日入某医院神经外科住院治疗。孙某某 2008 年 9 月曾行右顶枕部开颅肿瘤切除术,术后至入院前一直未复查,近 2 月头痛,恶心呕吐,视力下降。入院体检右顶枕部见陈旧性手术瘢痕,视力下降,左眼颞侧偏盲,右眼鼻侧偏盲。头颅 MRI 示右顶枕叶巨大占位,大小约 84×74×68mm,等 T1.T2 信号,强化明显,侧脑室受压,中线略左偏。医院诊断右顶枕部脑膜瘤术后复发明确。2010 年 11 月 22 日局麻下行"经右股动脉置管全脑血管造影术",术中见肿瘤动脉期及毛细血管期显影。供血动脉有右大脑中动脉枕顶支、右大脑后动脉皮层支、右椎动脉脑膜后支、右咽升动脉脑膜后支、双侧枕动脉脑膜支。由于患者为复发性巨大肿瘤,肿瘤供血动脉较多,手术风险极大,医院术前告知患者家属病情诊断情况、治疗方式及术中可能出现致命性大出血及心跳呼吸停止等全部手术风险以及术后风险,患者家属表示同意手术并签署了手术知情同意书及相关同意书。医院于 2010 年 11 月 24 日为患者在全麻下行右顶枕原切口入路右顶枕部巨大复发性脑膜瘤切除术。术中开颅过程即出血汹涌,术中发现肿瘤与下矢状窦、窦汇、直窦及大脑深静脉系统粘连紧密,血供极其丰富,出血极其汹涌,分块大部分切除肿瘤后亦无法止血,术中血压下降明显,及时予大量输血补液,使用升压药,术区止血,明胶海绵止血纱布等压迫后患者血压上升不明显,心率较快,迅速关颅后急送ICU进一步抢救治疗并告知患者家属患者病情极其危重,随时有死亡风险,同时给予患者大剂量肾上腺素及去甲肾上腺素继续泵入,积极输血、输血浆、补液、扩容、升压等治疗,最终抢救无效患者死亡。患者父母对医院的手术治疗过程及患者的死亡原因没有异议,但认为医院没有告知患者本人手术风险并由患者本人签署手术知情同意书,使其丧失了选择手术与否的机会,从而导致了患者手术后死亡,因此诉至法院要求医院承担赔偿责任。法院审理认为根据临床实践以及普通人的实际生活经验都认为不宜向严重的肿瘤患者说明医疗风险,对于不宜向患者说明的,医院已经向患者的近亲属说明,并取得书面手术同意书,没有侵犯患者的知情同意权,判决驳回原告的诉讼请求。

专家解析:

《侵权责任法》第五十五条:医务人员在诊疗活动中应当向患者说明病情和医疗措施。需要实施手术、特殊检查、特殊治疗的,医务人员应当及时向患者说明医疗风险、替代医疗方案等情况,并取得其书面同意;不宜向患者说明的,应当向患者的近亲属说明,并取得其书面同意。第五十六条:因抢救生命垂危的患者等紧急情况,不能取得患者或者其近亲属意见的,经医疗机构负责人或者授权的负责人批准,可以立即实施相应的医疗措施。《医疗事故处理条例》第11条:在医疗活动中,医疗机构及其医务人员应当将患者的病情、医疗措施、医疗风险等如实告知患者,及时解答其咨询;但是,应当避免对患者产生不利后果。《执业医师法》第 26 条:医师应当如实向患者或者其家属介绍病情但应注意避免对患者产生不利后果。《医疗机构管理条例实施细则》第 62 条:医疗机构应当尊重患者对自己的病情、诊断、治疗的知情权利。在实施手术、特殊检查、特殊治疗时,应当向患者做必要的解释。因实施保护性医疗措施不宜向患者说明情况的,应当将有关情况通知患者家属。"

患者实施手术一般情况下需患者本人签字同意,也可以由患者特别授权的人签字同意,在对患者实施保护性医疗措施时,可以不向患者进行说明,只需取得患者家属的书面同意。医疗机构违反告知义务,侵犯了患者的知情同意权,给患者造成人身损害的,应当承担相应的赔偿责任。如果医疗机构未尽告知义务,未给患者的身体造成损害,只是严重损害患者的知情同意权,造成精神痛苦,患者要求精神损害赔偿的,法院应当支持并根据《最高人民法院关于确定民事侵权精神损害赔偿责任若干问题的解释》的规定,确定医疗机构承担精神损害的赔偿责任。

17.病历资料不真实是否还需要进行医疗过错鉴定?

案例:

患者刘某,女,36 岁,因停经 40+4 周,下腹坠胀 4 小时,伴少量见红 2 小时入住某卫生院待产,于当日 16 时许入产房待产时突然口吐白沫,面色青紫,打呼噜,测血压为 0,心率 50 次／分,经抢救无效,于当日 16 时 20 分死亡。死后第五天尸检,通过尸体解剖确定患者死因系肺羊水栓塞而死亡、腹中胎儿随母体死亡而死亡。患者死亡当日,卫生院应家属要求提供了一份病历,次日代理律师前去交涉,指出病历中存在的问题,卫生院又提供一份病历,在抢救过程中加上了使用肾上腺素、心肺复苏。患者家属提起诉讼后,卫生院又提供一份病历,出现了同一天同时间段,有三张不同的长期医嘱单,有四张不同的临时医嘱单,有两张不同的待产记录。患者从入院到休克,医务人员只有一名护士在岗,这名护士包办了所有医嘱单上的医生签名、执行者签名、核对者签名。孩子没生下来,提前好写产后医嘱。诉讼过程中,卫生院申请医疗过错鉴定,患者家属不同意鉴定,最终鉴定机构以无法确定病历中哪一份记录是原始真实的为由不予鉴定。法院审理认为卫生院提供的病历不真实,导致鉴定无法进行,推定卫生院存在过错,应承担全部赔偿责任,判决卫生院赔偿患者家属死亡赔偿金、丧葬费、精神抚慰金各项损失共计七十多万元。

专家解析:

要区分病历的涂改和修改,涂改病历是法律禁止的行为,修改病历是当病历出现错字时进行的修正,是法律许可的行为。《医疗事故处理条例》第九条严禁涂改、伪造、隐匿、销毁或者抢夺病历资料。《病历书写基本规范》第七条:病历书写过程中出现错字时,应当用双线划在错字上,保留原记录清楚、可辨,并注明修改时间,修改人签名。不得采用刮、粘、涂等方法掩盖或去除原来的字迹。上级医务人员有审查修改下级医务人员书写的病历的责任。当事人以伪造、篡改、销毁或其他不当方式改变病历资料的内容,致使无法认定医疗行为与损害后果之间是否存在因果关系及有无过错的,应承担相应不利的诉讼后果;病历资料内容存在明显矛盾或错误,制作方不能做出合理解释的,应承担相应不利的诉讼后果;病历书写仅存在错别字、未按病历规范格式书写等形式瑕疵的,不影响对病历资料真实性的认定。

一般情况下,门(急)诊病历由患者负责保管,住院病历由医疗机构负责保管。经申请进行医疗损害鉴定的,法院会组织双方当事人对病历资料和摄片等其他鉴定资料进行质证,只有经过质证的材料才会提交给鉴定机构进行鉴定。无论是患方还是医方,擅自涂改、伪造、隐匿、销毁由其保存的病历资料,导致无法认定医疗机构的医疗行为有无过错以及医疗行为与损害后果之间是否存在因果关系的,由责任方承担不利的诉讼后果。如果有直接证据证明病历资料不真实,可以推定医疗机构有过错的,患者可以坚持不做医疗鉴定。虽无直接证据但患方对病历资料及其他鉴定资料的真实性有怀疑,可以提出申请由法院委托进行文书鉴定。经鉴定病历资料不真实就不必再做医疗鉴定。

18.医疗纠纷中可以做哪些鉴定?

❖ ❖ ❖

案例:

患者张某某,男,47岁,因发现血糖升高3月余,左眼胀痛2天入住某医院内分泌科治疗。经检查诊断为2型糖尿病、高血压病(3级,极高危)、左眼青光眼。给予降糖,降血压处理,后因左眼胀痛难忍,转入眼科。经检查诊断为左眼继发性青光眼、左眼原发性白内障、左眼晶体半脱位、2型糖尿病、高血压病(3级,极高危)。血糖控制后行左眼巩膜咬切术,术后眼压正常。间隔约 3 周后患者再次因眼痛住院,诊断左眼青光眼术后眼压失控,行左眼青光眼引流阀植入术后出院。约 3 月后患者因眼痛第三次入院经治疗无效左眼失明。患者诉至法院后进行医疗过错鉴定认为医院存在过错,在开庭审理中,医患双方对误工期限、护理期限和营养期限进行了激烈辩论,在医疗纠纷案件中,可以通过哪些鉴定来避免双方对赔偿标准产生争议?

专家解析:

根据《最高人民法院关于民事诉讼证据的若干规定》第二条,当事人对自己提出的诉讼请求所依据的事实或者反驳对方诉讼请求所依据的事实有责任提供证据加以证明。没有证据或者证据不足以证明当事人的事实主张的,由负有举证责任的当事人承担不利后果。患者主张损害赔偿,应当就所遭受到的各项损失承担举证责任。

在医疗纠纷案件中,除了关键的医疗过错鉴定以外,患者为了证明自己的损害赔偿标准,可以进行伤残鉴定,明确伤残等级后确定伤残赔偿数额,对于双方可能引起争议的误工期限、护理期限和营养期限,通过申请司法鉴定机构对三期进行鉴定,一般法院会根据鉴定结果判决医疗机构承担相应的赔偿金额。

19.鉴定费用如何承担?

案例:

患者王某某,男,34 岁,因高处坠落致左足外伤于 2011 年 8 月 20

日至某医院急诊外科就诊,经查体摄片医生诊断为左足跟骨骨折,建议请骨科会诊。患者出于减少医疗费考虑,未到骨科就诊就自行离开,前往另一家民营骨科医院住院治疗。8月24日该骨科医院为患者在硬膜外麻醉下行手术治疗。患者骨折术后胸闷三天、呼吸不畅、低热再次到第一家就诊医院急诊科就诊,医生考虑有肺栓塞的可能,因该病易发生猝死,立即医嘱要求患者绝对卧床紧急住院。入院下病重通知书,当日经肺动脉造影考虑肺栓塞,予以抗凝、监测凝血功能及对症治疗。治疗三天后,患者仍胸闷呼吸困难,左足肿胀皮温高,双下肢足背动脉搏动减弱,下静脉血流速度缓慢,经肺动脉造影考虑肺梗死,普外科会诊明确具有放置下腔静脉滤器置入的手术指征,签署手术知情同意书后行下腔静脉滤器置入术,术后经治疗至出院时患者无发热、胸闷不适,复查肺动脉造影未见明显栓塞征象。患者将两家医院诉至法院并申请进行医疗过错鉴定,法院委托鉴定机构后通知王某某缴纳鉴定费,王某某不愿意缴纳鉴定费导致鉴定无法进行。法院审理后判决驳回原告的诉讼请求。

专家解析:

依当事人一方申请委托鉴定的,鉴定费一般由该申请人预交;人民法院依职权决定委托鉴定的,鉴定费由双方当事人预交。

《人民法院诉讼收费办法》第二十九条:诉讼费用由败诉方负担,胜诉方自愿承担的除外。部分胜诉、部分败诉的,人民法院根据案件的具体情况决定当事人各自负担的诉讼费用数额。鉴定费的缴纳属于预交,最终鉴定费的承担是由法院根据鉴定结论的过错责任比例来判决,当事人对于鉴定费的缴纳应当积极配合,不要因为不缴纳鉴定费导致鉴定无法进行,最终承担不利的法律后果。

20.对鉴定结论不服是否可以申请重新鉴定?

案例:

患者华某某,女,27岁,因自幼发现心脏杂音于2010年2月13日入住某医院心胸科治疗。入院体检:病人体瘦,口唇及四肢末端紫绀,胸骨左缘3.4肋间闻及III/6级收缩期杂音;辅助检查:心脏彩超提示:先天性心脏病,法洛氏四联症,LV26mmLA20mmRV16mmRA37mm(上下径)32mm(左右径)AO12mm(膈上降主动脉)PA18mm,室间隔膜周部缺损14mm,主动脉骑跨率42%,右室前壁增厚,厚约4.3mm,肺动脉主干内径18mm,左右肺动脉内径分别为11.10mm。医院诊断法洛氏四联症,认为有手术指征,患者家属签署心脏手术知情同意书及相关同意书后,医院于2010年3月5日为患者在全麻体外循环下行法洛氏四联症根治术,手术顺利,心脏自动复跳,入ICU术后监护治疗,3月6日返回普通病房继续治疗。患者生命体征稳定,但进食情况差,予以静脉输注营养支持治疗。3月12日患者出现胸腔积液,胸闷,呼吸频率增快,伴咳嗽,予以胸腔超声检查发现:两侧胸腔大量积液,行胸腔穿刺抽液术。3月13日病人出现急性心肺功能不全的表现,急诊行气管插管,呼吸机辅助呼吸,积极心肺复苏,心肺复苏成功,但患者处于持续昏迷状态,并发急性肾功能不全,经持续 CRRT 治疗后好转,肾功能恢复正常。但患者持续处于深昏迷状态,生命体征渐趋不稳定,终因心肺功能衰竭于 4 月 16 日抢救无效死亡。患者家属诉至法院后,法院委托鉴定机构进行鉴定,鉴定意见为医院对华某某术后的病情变化重视不够,对其病情控制有轻微不良影响,应承担轻微责任。患者家属对鉴定意见不服,该如何处理?

专家解析:

最高人民法院《关于民事诉讼证据的若干规定》第二十七条,当事人对人民法院委托的鉴定部门作出的鉴定结论有异议申请重新鉴定,提出证据证明存在下列情形之一的,人民法院应予准许:(一)鉴定机构或者鉴定人员不具备相关的鉴定资格的;(二)鉴定程序严重违法的;(三)鉴定结论依据不足;(四)经过质证认定不能作为证据使用的其他情形。对有缺陷的鉴定结论,可以通过补充鉴定、重新质证或者补充质证等方法解决的,不予重新鉴定。第二十八条一方当事人自行委托有关部门作出的鉴定结论,另一方当事人有证据足以反驳并申请重新鉴定的,人民法院应予准许。

当事人对医疗损害鉴定结论不服的,可以提出书面的异议,由法院交予鉴定机构予以答复,也可以申请重新鉴定,但是否准许由人民法院审查决定。当事人还可以申请鉴定人出庭接受质询,鉴定人无正当理由拒不出庭或通过法庭质询不能排除鉴定结论合理怀疑的,人民法院可以不予采信鉴定结论。当事人可以申请具有专门知识的人员出庭进行辅助质证,包括对鉴定人的询问。

21.申请鉴定的内容有哪些?

案例:

患者,女,48 岁,体检发现颈部增粗,伴乏力、怕冷症状半年未予治疗,因自觉颈部不适就诊,甲状腺超声示甲状腺右侧叶囊实性包块,大小约 29*16*20mm,查甲状腺功能示 T3(三碘甲状腺原氨酸)1.12nmol□L,T4(甲状腺素)59.85nmol□L,TSH(促甲状腺激素)4.41mIU□L,甲状腺细胞穿刺提示甲状腺囊腺瘤待查,考虑甲状腺囊腺瘤、甲状腺功能减退症收治入院,完善检查后行右侧喉返神经解剖＋右甲状腺切除术,术后病理检查证实甲状腺囊腺瘤,后患者出现声音嘶哑、反复手足抽搐等症状,反复治疗无效。患者诉至法院并申请了医疗过错鉴定,那么医疗鉴定的内容包含哪些?

专家解析:

人民法院根据当事人的申请委托鉴定机构进行医疗损害鉴定,鉴定的内容包括涉案的医疗行为有无过错、医疗过错行为与损害后果之间是否存在因果关系、医疗过错行为在医疗损害后果中的原因力大小。

根据《侵权责任法》的规定所确定的举证责任的分配,患者可以申请鉴定医疗机构的医疗行为是否存在过错,医疗机构申请鉴定医疗行为与损害后果之间是否存在因果关系、医疗过错行为在医疗损害后果中的原因力大小即过错参与度。针对患者的不同情况，还可以申请鉴定机构对是否构成伤残及其等级、是否需要后续治疗以及护理依赖程度等医学及法医学专门性问题进行一并鉴定。

22.医疗纠纷造成患者损害的是否需要申请伤残鉴定？

案例：

王某孕 39 周，羊水过少到某医院待产，当日 8 时某医院为王某进行了静脉注射，等待第二天进行生产。当晚王某出现呕吐、头晕等症状。该院认为其为药物反应。当晚 9 时再检查时，王某呕吐、头晕状况没有减轻，医方考虑其实际情况，为其停液。当晚 10 时医院主治医师检查发现胎心停止，遂进行手术。手术中发现胎儿胎盘早剥，胎儿死亡。胎儿取出后，王某出现大出血症状，某医院将其子宫切除。后王某诉至法院，请求民事赔偿。诉讼过程中，王某申请了伤残鉴定，经鉴定机构认定，王某属于七级伤残。

专家解析：

医院在诊疗过程中，由于过错导致患者受到人身损害构成伤残的，除进行医疗损害鉴定以外，患者可以向法院申请伤残鉴定。

进行医疗事故技术鉴定通常选择当地的医学会进行鉴定，患者可以在申请医疗鉴定的同时申请伤残鉴定。而经当事人协商或法院指定司法鉴定机构都会选择异地知名司法鉴定机构进行鉴定，该鉴定机构收取的鉴定费用相对较高，患者可以只申请医疗过错鉴定，在鉴定医院存在医疗过错之后，再在当地申请进行伤残鉴定，节省伤残鉴定费用。根据《最高人民法院关于审理人身损害赔偿案件适用法律若干问题的解释》的规定，人身遭到损害造成伤残的，可以主张残疾赔偿金、残疾辅助器具费、被扶养人生活费及精神损害抚慰金。

23.患方与医疗机构达成调解协议是否可以再以医疗损害责任纠纷起诉？

案例：

某患儿 2008 年 6 月在某儿童医院就诊，先后被行阑尾切除术、剖腹探查并肠部分切除术。之后患儿出现粘连性肠梗阻症状，其父母认为医方在诊治过程中存在过错，要求医方予以赔偿，双方发生争议。2009 年 6 月 5 日，医院与患儿母亲协商一致达成调解协议，约定由医院赔偿患儿人民币 15000 元，本次医疗事件就此了结。医院给付赔偿之后，2010 年 10 月 15 日患儿家属又向法院提起医疗损害责任纠纷的诉讼，要求判令被告某儿童医院赔偿医疗费、护理费、残疾生活补助费、营养费、后续治疗费、交通费及精神抚慰金共计人民币 100772.57 元。一审法院以侵权之诉审理后认为被告某儿童医院对原告的生命健康权造成了损害应当承担相应的赔偿责任，判决某儿童医院在扣除已经支付的

15000 元外尚应支付原告 73018.18 元。某儿童医院不服一审判决认为涉案医疗事件双方已协商解决，该协议书应受法律保护，一审法院支持原告要求被告再行承担侵权赔偿责任，与事实和法律不符，遂向某市中级法院提起上诉。二审法院经审理认为，本案医患双方签订的协议书系双方当事人真实意思的表示，且已实际履行完毕，故对该协议书的效力本院予以确认。鉴于上诉人某儿童医院已对本案医疗事件进行了赔偿，现被上诉人以其母亲并非专业医务人员，当时对其情况及今后可能产生的后果无充分预见，对协议书的内容存在重大误解为由诉至法院要求上诉人某儿童医院再次予以赔偿，缺乏事实及法律依据，且被上诉人未在法定的时效内对该协议书行使撤销权，故原审法院对被上诉要求上诉人某儿童医院再行承担赔偿的主张予以支持显属不当，本院予以纠正。作出终审判决：一、撤销一审判决；二、对被上诉人要求某儿童医院赔偿残疾生活补助费、营养费、医疗费、交通费、误工费、今后治疗费、精神抚慰金的诉讼请求不予支持。

专家解析：

　　医患双方遵循平等、自愿、合法和公平的原则通过协商解决纠纷是解决医疗纠纷的首要途径。医患双方协商一致达成的具有民事权利义务内容，并由双方当事人签字或盖章的调解协议，具有民事合同性质。协议如果存在欺诈、胁迫、重大误解、显示公平等情形的，是可以撤销的。调解协议中约定的"不得起诉"不具有法律约束力，但患方不能直接提起医疗损害责任纠纷的侵权诉讼，只能提起调解协议无效或者撤销调解协议的合同之诉。该诉讼适用"谁主张，谁举证"的一般举证责任，由患方举证证明已经生效的调解协议存在无效或者显失公平或有重大误解,或者受到胁迫、欺诈的情形。如患方举证不能,法院可能不支持患方的诉讼请求,认定调解协议合法有效。《最高人民法院关于审理涉及人民调解协议的民事案件的若干规定》第二条第二款,当事人一方向人民法院起诉,请求变更或者撤销调解协议,或者请求确认调解协议无效的,人民法院应当受理。第三条第二款当事人一方起诉请求变更或者撤销调解协议,或者请求确认调解协议无效的,有责任对自己的诉讼请求所依据的事实提供证据予以证明。第五条"有下列情形之一的,调解协议无效:(一)损害国家、集体或者第三人利益;(二)以合法形式掩盖非法目的;(三)损害社会公共利益;(四)违反法律、行政法规的强制性规定。"第六条"下列调解协议,当事人一方有权请求人民法院变更或者撤销:(一)因重大误解订立的;(二)在订立调解协议时显失公平的;一方以欺诈、胁迫的手段或者乘人之危,使对方在违背真实意思的情况下订立的调解协议,受损害方有权请求人民法院变更或者撤销。"

患方要慎重签署调解协议,反悔极有可能得不到法律的支持。患方想要推翻调解协议获得赔偿,只能先行提起调解协议无效或者撤销调解协议的合同之诉,待调解协议被法院判决无效或撤销后,才能再行提起医疗损害责任纠纷的侵权诉讼。《最高人民法院关于审理涉及人民调解协议的民事案件的若干规定》第七条有下列情形之一的,撤销权消灭:(一)具有撤销权的当事人自知道或者应当知道撤销事由之日起一年内没有行使撤销权;(二)具有撤销权的当事人知道撤销事由后明确表示或者以自己的行为放弃撤销权。即患方行使撤销权的法定期限为签订协议后的一年内,该期限不存在中断中止的情形,超过该期限提起诉讼,即使具有可撤销的理由,法院也不予支持。调解协议被撤销或者被认定无效后,当事人以原纠纷起诉的,诉讼时效自调解协议被撤销或者被认定无效的判决生效之日起重新计算。

24.如何打赢医疗纠纷诉讼官司?

❋　　❋　　❋

案例:

　　因认为医院护士的工作失误,导致老伴在入院40个小时内都没有吸到氧气,入住ICU短短3天后便去世,田老先生认为这家三甲医院对老伴的死亡负有重大过错,遂将医院诉至法院,要求赔礼道歉,赔偿医疗费、丧葬费、死亡赔偿金、精神损害抚慰金共计35万余元。近日,某某市某某区人民法院对该案作出了一审判决。

　　田老先生起诉称,2012年1月22日下午,老伴陈老太太因肺心病到某地一家三甲医院急诊科就医,经检查后转入内科重症监护病房。老伴转入重症监护病房后却因护士责任心缺失,导致虽遵医嘱采用了吸氧措施,但实际上老伴却没吸到氧,其缺氧的情况一直到24日上午才被家属发现,此时老伴已经缺氧40个小时。

　　田老先生表示,老伴5年来一直遵医嘱长期使用呼吸机,氧气对其生命非常重要。但由于医院护士的工作失误,导致老伴在入院40个小时内都没有吸到氧气,并最终于2012年1月25日凌晨去世,给自己和子女带来巨大伤害。因此,起诉要求依法判令医院赔礼道歉,赔偿医疗费、丧葬费、死亡赔偿金、精神损害抚慰金共计35万余元。

医院在答辩中称，医院的医疗行为没有过错，陈老太太的死亡结果与医院无关，故不同意赔偿。

法院在审理中查明，陈老太太住院时，被诊断为慢性阻塞性肺疾病合并感染、阻塞性肺气肿，入院后，家属要求继续持续应用无创呼吸机辅助通气，并拒绝有创呼吸机。

法院审理后认为，田老先生对医院提交的住院病历的真实性不予认可，自身却只提供了与医院相关人员对话的录音证据，其对医院的诊疗行为存在过错的主张缺少相关证据予以佐证，故应对其主张承担举证不能的责任。

最终，法院判决驳回了田老先生的诉讼请求。

专家解析：

患者一方要打赢官司，仍然要举出比较充分的证据。一般来说，下列证据是不可少的：

（1）患方的身份及亲属关系证明：患者身份证复印件，如患者死亡或不具有完全民事行为能力，则还需法定继承人或法定代理人（如配偶、父母、子女、兄弟姐妹等）的身份证及户口簿复印件；以证明患者或者其他人的身份情况。

（2）病历资料复印件，包括患者门诊病历、住院志（入院记录）、体温单、医嘱单、化验单（检验报告）、医学影像检查资料、特殊检查同意书、手术同意书、手术及麻醉记录单、病理资料、护理记录、出院（死亡）小结等。这些证据如果医疗机构以种种理由不予复印，患方可申请法院调取证据。

（3）患者或家属的误工证明，如工资单或单位出具的工资证明；无工作单位的，由居委会或村委会出具无业证明。

（4）相关费用单据和清单，包括相关的医疗费单据、护理费单据、营养费单据、交通费单据；如患者伤残，需提供残疾等级证明和残疾用具费单据；如患者死亡，需提供丧葬费单据，伤残和死亡都应提供患者实际扶养的、无其他生活来源者的户籍证明及无业证明。

（5）其他，如有关专家的意见、证人证言、鉴定结论、医学文献资料等。证据必须注明证据的来源；书证须提交原件，提交原件确有困难的，可以提交复制品、照片、副本或节录本。

（6）如患者委托律师代理医疗纠纷，则提交签署的授权委托书，并注明代理权限。

25.医疗纠纷中如何保存病历？

案例：

原告在某医院就诊，行体外碎石术。后原告以医院碎石术导致其左肾萎缩、功能丧失，构成七级伤残为由诉至法院索赔27万元。一审判决医院赔偿原告约10万元。判决理由：护士虽有碎石资格，但无泌尿医师制定治疗方案情况下，对患者实施碎石术，违反医疗常规，过错明显。该案曾向医学会申请医疗事故鉴定，但由于患者自另外医院转诊过来，被告医院对其未建立病历,对其治疗方案及措施都无书面记录,导致医学会无法就医院是否有过错作出鉴定,法院遂推定医院有过错,判决医院承担赔偿责任。

专家解析:

在医患纠纷中,患方通常处于弱势地位,而解决纠纷最重要的一个环节就是要全面掌握病历及相关资料。病历资料对于认定医疗机构是否存在医疗过失起着其他证据难以替代的证明作用。医患发生纠纷,患方首先要做的就是封存病历和领取客观病历复印件。这既是为今后正确处理医疗纠纷做证据准备,也是《医疗事故处理条例》(下称条例)赋予患方的权利。

封存病历的步骤:

一、提出封存要求:到医院医务处(科)提出封存病历的要求,如果遭拒,可向该院所在地区的卫生局医政处(科)举报,要求卫生行政机关督促医院履行义务。

二、点清病历页数:病历调来后,由于医院一般会依据条例拒绝患方阅读的要求,而且病历内容多,专业性强,患方也很难在短时间内看明白,所以患方需要注意的是清点病历页数,然后在医患双方在场的情况下将全部病历复印并封存。

三、封存复印件:为了不致影响医院对病历的管理,现在一般都是封存病历的复印件。患方应在封存件的边缘处签字并注明封存日期。

病历都包括:

主观病历:病历分为主观病历和客观病历。主观病历是医务人员根据患者的主诉、症状、体征,并结合各项化验、检查,作出的诊断和治疗方案,并根据患者在治疗过程中病情的变化调整治疗方案。根据条例规定,它包括死亡病例讨论记录、疑难病例讨论记录、上级医师查房记录、会诊意见、病程记录等。主观病历反映了医务人员对患者疾病的认识和治疗方案的制定及调整过程。

客观病历:客观病历主要是对患者进行各项检查和治疗护理过程的客观记录。根据条例规定,它包括门诊病历、住院志、体温单、医嘱单、化验单(检验报告)、医学影像检查资料、特殊检查同意书、手术同意书、手术及麻醉记录单、病理资料、护理记录以及国务院卫生行政部门规定的病历资料。

复印领取客观病历主观病历也可封存。

根据条例规定,患方在医院只能复印并领取客观病历。但是患方却可以主动要求将主观性病历资料一并进行封存。因为条例规定主观性病历资料"应当在医患双方在场情况下封存和启封",但并没明确封存主观性病历资料是医疗机构应履行的义务还是可选择的权利,患者要充分利用这一权利。如果患方想得到全部病历,只能在诉讼阶段,依照民事诉讼法律规定在法庭交换证据时实现。

专家支招:

近几年在医疗纠纷的诉讼中,医患双方对病历的真伪、涂改争议时有发生,患者应当注意:

一、一定要请有多年临床工作经验的医师协助核查病历。

二、对有疑点的部分,在诉讼阶段,一定要拿病历的原件仔细核查。病历的刮痕、涂改都是通过病历原件发现的,很难从复印件中察觉。

三、不要对病历上的姓名、床号、日期等项偶然发生个别、孤立的笔误过多注意,但是如果上述项目发生一系列错误,就要引起注意,考虑该病历是否存在重新书写或修改的可能。

四、重点要突出。修改和造假一般都发生在医疗过错之后的病历上。如果修改病历往往会留下一些蛛丝马迹,同时此时的医院往往会请专家会诊,根据律师的经验,专家会诊记录尤其是外院专家会诊对患者病情变化的分析和判断,对于患方的疑点会有所启发。

病历修改、造假,由于专业性强,而且往往是该病历的主管医师亲自修改,所以隐蔽性强,很难发现。但是病历,尤其是住院病历,是由医院诸多科室、诸多医务人员共同完成的,若想全面修改病历、造假,工程浩大,动静不小,在现行医院的管理条件下,尤其在大医院是不可能的。一旦病历造假经法庭确认,根据规定,鉴定机构会拒绝鉴定,医院将为此承担举证不能的法律后果。

26.颅内占位恶性肿瘤误诊为脑梗塞医疗纠纷 如何赔偿?

案例:

患者吕某某因左侧肢体无力,于2013年2月10日到被告处急诊,后在神经内科治疗,于2013年3月23日出院。2013年3月23日再次在被告康复科住院治疗,经患者家属多次要求会诊,被告于4月2日才出院诊断为颅内占位性病变等。吕某某后至上海华山医院治疗,经诊断考虑为颅内原发性恶性病变,经专家会诊,患者已丧失手术机会,只能进行放射治疗,于5月11日出院。2013年5月12日患者转至绍兴县中心医院治疗,最终于2013年12月1日死亡。原告认为,被告未尽到高度注意义务,将患者的恶性肿瘤误诊为脑梗塞伴出血,导致患者未能在早期进行手术治疗,存在过错。

被告辩称:患者是颅内原发性恶性病变,考虑是原发性中枢神经系统淋巴瘤,该种疾病较为罕见,且疾病表现具有不典型性,限于目前医学认识、科学技术的水平以及医疗设备的局限性,被告在客观上不可能在第一时间内就对患者该疾病作出确诊。且患者疾病的恶性程度高,也没有特效治疗,被告的各项医疗行为均符合临床诊疗规范,被告已对患者进行了对症处理,尽到了合理的诊疗义务。同时司法鉴定意见书亦明确患者未作尸检,死亡原因不明,故不能证明患者的死亡结果与被告的医疗行为之间存在因果关系。综上,被告不应承担赔偿责任。诉讼中,经两原告申请,本院委托上海华医司法鉴定所鉴定,鉴定结论为被鉴定人吕某某患颅内占位性病变诊断成立,考虑为原发性恶性病变。被告某某市人民医院延误了吕某某颅内占位性病变的诊治,存在过错,应对其疾病的演变进程承担责任,责任参与度系数值拟为20%左右。

《根据中华人民共和国侵权责任法》第五十四条规定:患者在诊疗活动中受到损害,医疗机构及其医务人员有过错的,由医疗机构承担赔偿责任。本案经司法鉴定认定被告某某市人民医院延误了吕某某颅内占位性病变的诊治,存在过错,应对其疾病的演变进程承担责任,责任参与度系数值拟为20%左右,故被告某某市人民医院应对吕某某之死亡的结果承担20%的赔偿责任。司法鉴定意见书虽载明吕某某死亡后未进行尸检,死因不明,但结合吕某某的发病过程和就医情况,在被告某某市人民医院未举出反证的情况下,可以推定患者吕某某系因颅内占位性病变自然发展而导致死亡,且由于被告延误病因诊断,也不能排除因此客观上造成患者生存机会丧失的可能性,故本院对被告的该辩称意见不予采信。判决被告某某市人民医院应于本判决生效之日起三十日内赔偿给原告何某某、何某 197424.56 元;

专家解析:

律师认为患者颅内占位性病变诊断成立,考虑为原发性恶性病变。某某市人民医院延误了吕某某颅内占位性病变的诊治,存在过错,应对其疾病的演变进程承担责任。但是该疾病本身的死亡率较高,且诊治确实有一定的难度。所以酌定 20% 的责任也是恰当的。

27.医疗机构医疗行为与损害后果之间存在因果关系是否承担赔偿责任?

案例:

2012 年 1 月 29 日,王某因"发现左腘窝包块 6 余月"前往甲医院住院治疗,诊断为"左腘窝囊肿"。同月 31 日,实施了"左腘窝囊肿病灶清除术",术后同年 2 月 9 日出院。同年 4 月 28 日,王某第二次前往甲医院住院治疗。同年 5 月 2 日,实施了"左腘窝感染清创引流术"。同年 7 月 18 日,转至乙医院住院治疗,并多次行清创及安置负压引流手术,同年 10 月 11 日出院。同年 10 月 25 日，因术后伤口感染入住丙医院治疗，给予改善患肢功能及抗感染治疗。同年 11 月 13 日，又转至甲医院治疗。后同年 12 月 27 日，转至丁医院住院治疗，实施左腘窝病灶清除术，局部皮瓣转移，取同侧皮肤游离植皮、外支架固定、置管冲洗引流术。2013 年 2 月 13 日，王某因医治无效死亡。

王某家属认为，甲、乙、丙、丁四家医院在对王某的诊疗过程中存在过错，诉至法院请求判令赔偿各项损失共计 82 万余元，其中甲医院承担 70% 的赔偿责任，其余三家医院连带承担 30% 的赔偿责任。

法院审理认为，患者在诊疗活动中受到损害，医疗机构及其医务人员有过错的，由医疗机构承担赔偿责任。本案中，经司法鉴定，乙丙丁三家医院在诊疗过程中均存在过错，但与死亡后果无因果关系。甲医院对患者的医疗行为存在过错，且系次要因素，与死亡后果有诱发或促进作用，故依法应承担相应赔偿责任。

专家解析：

医疗机构的医疗行为与损害后果之间存在因果关系应承担赔偿责任。《中华人民共和国侵权责任法》第六十条第一款规定，"患者有损害，因下列情形之一的，医疗机构不承担赔偿责任……（二）医务人员在抢救生命垂危的患者等紧急情况下已经尽到合理治疗义务；（三）限于当时的医疗水平难以诊疗。"

本案中，经司法鉴定确认，乙、丙、丁三家医院虽存在对王某的漏诊，但该漏诊受限于现有医疗水平，且与王某的死亡后果无因果关系，故上述三家医院对损害后果不承担赔偿责任。

甲医院对患者的医疗行为存在过错，其过错为王某左腘窝囊肿术后感染迁延不愈并致后续治疗的次要因素，与王某死亡后果有诱发或促进作用，故需承担 50% 的赔偿责任。

28.医院过错致患者死亡如何承担相应责任?

案例:

　　76 岁老人因摔倒入院治疗,37 天后死亡, 患者家属状告医院要求赔偿 30 万余元。某某市中级人民法院对该起医疗纠纷案作出二审判决,认定医疗过程存在过错,但系导致患者死亡的次要原因,判令医院赔偿医疗费、丧葬费等 74344 元。

　　2009 年 10 月 11 日,76 岁的龙某因摔伤被送至重庆市某医院抢救,被诊断为脑出血、高血压。经急诊处理后,转入外科住院治疗。次日,患者出现全程肉眼血尿, 被诊断为急性尿潴留, 于 10 月 13 日进行了"膀胱造瘘术"。11 月 25 日患者血压 197/111mmhg, 出现烦躁、不语、口角左歪等症状,并于次日行"颅内血肿清除术 + 去骨瓣减压术"。术后患者出现嗜睡、痰多等症状,于 2009 年 12 月 17 日死亡。

　　患者家属以医院在医疗过程中存在过错为由,将医院诉至法院,要求判赔 317893.22 元。经鉴定,医院存在未尽脑出血观察的注意义务、医疗文书制作欠规范等过错。法院审理认为,2009 年 11 月 25 日患者血压 197/111mmhg, 出现烦躁、口角左歪等症状,医院未作积极降压处理和有关急诊手术准备,可能延误对患者再次脑出血的处理,对患者病情的治疗和控制有一定延误的过错,与患者的死亡存在因果关系。而高血压性脑出血是高血压病最严重的并发症之一,任何情况下均可发生,故患者自身所患高血压病是发生脑出血的疾病基础, 患者住院期间血压波动、手术的痛苦等只是导致再次脑出血的可能因素之一,医院的过失可能延误对患者的处理,但患者的死亡主要原因还是自身疾病,医疗过错行为系次要因素。

法院结合鉴定机构所作的分析意见及案件实际情况，酌定由医院承担45%的赔偿责任，判令医院赔偿医疗费、丧葬费74344元。

专家解析：

医院有过错致患者死亡应承担相应责任。《中华人民共和国民法通则》规定，公民享有生命健康权。公民、法人由于过错侵害国家的、集体的财产，侵害他人财产、人身的，应当承担民事责任。侵害公民身体造成伤害的，应当赔偿医疗费、因误工减少的收入、残疾者生活补助费等费用；造成死亡的，并应当支付丧葬费、死者生前扶养的人必要的生活费等费用。受害人对于损害的发生也有过错的，可以减轻侵害人的民事责任。本案中，医院虽存在未尽脑出血观察的注意义务、医疗文书制作欠规范等过错，但患者死亡的主要原因还是自身所患疾病，故要求双方各自承担相应责任于法有据。

29.发生医疗纠纷，可否拒付医疗费？

❀   ❀   ❀

案例：

2002年1月20日至3月10日，患者刘某因肝硬化在北京某大医院治疗，后病故。医疗费共计463220.23元，已预交200000.00元，欠费263220.23元。患者之妻关某在住院保证书上签字，保证交付住院费用，如有拖欠由本保证人负责清偿。后其子刘某在还款保证书中写明，其父刘某现欠该院治疗费用约300000.00元左右，待与其父工作单位领导协商后，共同把所欠治疗费用还清。因此款未还，院方起诉到法院，请求判令患方偿还欠款及利息,患方以手术方案是医方极力推荐,且医方承诺手术费用不超过 200000.00 元,术后患者病情恶化,医方未告知患方患者病情,只是让患方在用药单上签字,还款书是被强迫所写为抗辩。后经法院裁决,患者家属偿还欠款。

专家解析:

患方经办理住院手续住院治疗,医患双方之间形成医疗服务合同关系。《合同法》第四十四条规定,依法成立的合同,自成立时生效。第八条规定,依法成立的合同,对当事人具有法律约束力。当事人应当按照约定履行自己的义务,不得擅自变更或者解除合同。依法成立的合同,受法律保护。第六十条规定,当事人应当按照约定全面履行自己的义务。院方应对患方履行治疗义务,同时享有要求患方支付医疗费的权利;患方享有接受治疗的权利,同时有给付医疗费的义务。第一百零七条规定,当事人一方不履行合同义务或者履行合同义务不符合约定的,应当承担继续履行、采取补救措施或者赔偿损失等违约责任。法院据此判决患方给付医方医疗费用是正确的。

30.医院侵犯患者医疗风险知情权应否负责?

❖　　❖　　❖

案例:

1996 年 5 月,原告赵某因患椎间盘突出症到被告某市第二人民医院住院治疗,被告为原告施行 APLD 皮穿刺腰椎间盘切吸术。术前原告大小便无异常,术后原告出现排尿困难,被告给其留置导尿管排尿,后虽经被告多次治疗,仍未能治愈。原告为此支出医药费 4 万余元。2003年,原告诉请被告赔偿医疗费等损失及精神抚慰金。

诉讼中,经法医鉴定,原告患神经源性膀胱炎,目前膀胱造瘘排尿,构成五级伤残。经医疗事故技术鉴定委员会鉴定,原告术后排尿不畅为APLD手术并发症,不构成医疗事故。审理中又查明,因没有预料到APLD手术会引发神经源性膀胱炎,被告在为原告施行APLD手术前也没有向原告告知这种医疗风险的存在。

专家解析:

不作为与不良后果间是否存在因果关系,是本案的焦点。对因果关系的评定,存在多种学说。目前占据主流地位的学说为相当因果关系说。相当因果关系由两个层次构成,即条件和相当性。在认定判断时,条件关系一般采用"若无,则不"的检验方式,符合此公式的,为有条件关系,否则为无条件关系。相当性判断的一般公式是:无此行为,不作为,不必然有此损害,但有此行为,不作为,通常会有此损害,为符合相当性。依"若无,则不"的检验方式,若被告履行了完全的告知义务,则不会产生不良后果。而事实上,即便被告履行了完全告知义务,仍有发生不良后果的可能,而不是一定不会发生,显然这里的条件关系并不成立,也就没有推理相当性的意义。可见,本案中医院不作为与不良后果间并不存在因果关系,所以过错侵权责任亦不成立。

国务院《医疗事故处理条例》第十一条规定:"在医疗活动中,医疗机构及其医务人员应当将患者的病情、医疗措施、医疗风险等如实告知患者,及时解答其咨询。"可见,医疗机构对医疗风险的告知义务是法定的。医疗机构的这种法定义务与患者对医疗风险等的知情权是相辅相成的。医疗机构为患者施行手术,要向患者履行法定的医疗措施、医疗风险等告知义务,据此患者享有知情权。这种告知和知情制度的设计,主要目的之一是平衡医患双方的医疗风险责任。患者在充分享受知情权的情况下,会作出是否同意手术的理智判断,由此医疗机构方可取得患者同意施行手术的承诺。这种承诺不仅仅是患者同意施行手术的承诺,而且是患者同意承担医疗风险责任的承诺。本案中,被告未告知原告 APLD 手术会引发神经源性膀胱炎这一医疗风险,原告未获得这种医疗风险的知情权而作出同意施行手术的承诺,所以这种医疗风险就不应完全由原告承担,而应由被告和原告共同分担。因此,本案应当适用《民法》中的公平责任原则,由被告补偿原告由于这一医疗风险而产生的部分损失

31.医疗纠纷案件中多个鉴定意见下法院如何认定?

❀   ❀   ❀

案例:

王某某因"心悸四月"于 2010 年 4 月 15 日入住某省人民医院心血管内科。王某某既往有肾功能不全病史 19 年,1995 年行右肾移植术,1999 年开始血液透析治疗,既往有高血压病史 6 年、糖尿病病史 3 个月。入院查体:体温 36.5℃、脉搏 114 次 / 分、血压 158/98mmHg;双肺

呼吸音稍粗,心律齐;心电图示房扑。初步诊断:心律失常、心房扑动;尿毒症;高血压病;糖尿病。入院后予以降压、降糖、抗心律失常、改善肾功能等治疗。2010年4月22日超声心动图提示:心功能不全、中度二尖瓣关闭不全、中度三尖瓣关闭不全、左心房体部及心耳部未见明显血栓征象。同年4月26日下午行导管射频消融术,术中发生心脏压塞,即予以穿刺引流回输,因引流量大,保守治疗效果不佳,经请胸外科会诊,于当晚20时50分急诊行"心脏破裂修补术",术后入ICU,予机械通风、抗炎、补液、维持水电解质酸碱平衡等治疗。4月27日上午停机拔管,病情稳定,于当日下午转入心内科进一步治疗。4月28日下午患者血透时突然出现血压下降,最低至78/60mmHg左右,予升压治疗后,血压维持在90/60mmHg左右;当晚21时患者心律57次/分,血压86/50mmHg,查心电图示交界性心律;血常规示白细胞10.3×10*9/L、中性粒细胞85%、血红蛋白87g/L;心肌标记物肌钙蛋白T1.2nh/ml;予升压、扩容、抗感染等治疗。4月29日凌晨3时45分患者神志淡漠,呼吸弱,心律齐,心音低,予气管插管、升压等抢救措施;凌晨4时15分心率25次/分,血压测不出,血氧饱和度测不出,生命垂危,后患者死亡。患者家属向法院起诉,要求医院赔偿312258.2元。

该案的医疗事故技术鉴定:根据临床资料及现场调查分析,患者房性心律失常诊断明确,有"射频消融术"的手术指征,无手术禁忌,医方术式选择符合常规,手术操作未见违规之处。患者术中发生心脏破裂、心包填塞属于射频消融术的并发症,可以预见,难以防范。患者自身疾病较多,病情复杂,手术风险大,医方术前已经充分履行了风险告知义务。并发症发生后,医方及时采取了救治措施,治疗符合诊疗常规。医方在整个诊疗过程中,无违反诊疗规范、常规的过失行为。患者存在多种疾病,加之发生手术并发症,最终导致多脏器功能衰竭而死亡。结论为本病例不属于医疗事故。

该案的司法鉴定:患者对医疗事故技术鉴定结论不服,后由法院抽签申请司法鉴定。鉴定意见为:某省人民医院在对患者王某某实施心律失常(心房扑动)射频消融手术中存在医疗过错,该医疗过错与患者死亡之间具有一定的因果关系,建议过错参与度为 20-40%。其理由为:医方在行射频消融手术操作上未尽到谨慎的注意义务,术中心房顶部破裂,出现心脏压塞,表明医方存在过错。

法院审理该案后,认为医方按 15% 承担责任,主要原因考虑患者心律失常(心房扑动)的病情程度,患者术前的病理状态如尿毒症、糖尿病和高血压的程度对心脏组织的器质性影响和手术难度的增加,医院在射频消融术中存在的是推定过失,术后治疗过程中原有疾病、手术创伤等对治疗效果的不利影响,未行尸检对参与度的不利影响,法院确定因果关系参与度为 15%。

法院判决省人民医院赔偿王某某家属人民币 111876 元整。后原被告均不服提起诉讼,省人民医院认为一审法院否定手术记录的完整性,没有规范和事实依据,司法鉴定中心认定心脏破裂点位置为左心房后顶部,实际心脏破裂点位置为左心房前顶部,认定事实依据不足。二审法院认为:医院进行射频消融的医学记录是否纳入规范性文件的问题,卫生部《病历书写基本规范》第一条指出:病历是医务人员在医疗活动过程中形成的文字、符号、图表、影像、切片等资料的总和,包括门(急)诊病历和住院病历。第二条指出:病历书写是医务人员通过问诊、查体、辅助检查、诊断、治疗、护理等医疗活动获得有关资料，并进行归纳、分析、整理形成医疗记录的行为。根据《病历书写基本规范》的要求，临床上的所有检查、诊断、治疗所获得的资料，都应当进行归纳、分析、整理形成医学活动记录。关于心脏破裂位置某司法鉴定中心回函称：依据省人民医院提交的病历资料无法确定实际破裂点的位置，原因为医院在心脏修补术的手术记录中没有反映出破裂口具体大小和形状，但医院病历讨论反应裂口较大，且射频消融的手术记录记载射频消融术后患者即出现心包堵塞的情形。以上情形说明，心脏破裂口并非点状、小破裂口的情形，应属于较大破裂口，能引起急性心包堵塞的情形。由于医院对破裂口描述不详细，因此本次鉴定对破裂的长度、宽度、形状无法给予准确判定，人民法院采纳了司法鉴定中心的意见。

二审人民法院最终维持一审判决，某省人民医院承担15%的责任。

专家解析：

该案先后进行了医学会鉴定、司法鉴定，医学会鉴定的结论分析并不深入，也并不全面，最终法院并未采纳医学会鉴定意见。本案的核心是确定医疗机构有无过错以及该过错是否与王某某的死亡后果之间存在因果关系。该案某省人民医院并未提供在射频消融术的心内电生理图以及在第二次射频消融时缺乏温度、时间等关键数据的记录，最终法院认定了省人民医院操作导致的心脏破裂存在过错，且该过错与损害后果之间存在因果关系。

法院值得称道的是并未拘泥于未行尸检所导致的后果，而是根据王某某的整个临床过程进行综合分析，王某某最终死亡除了与基础疾病有关，心脏破裂短时间内出血达3000ml，该后果与死亡之间的因果关系无法排除,不因未做尸检而全盘否决死者方的请求。

32.医疗机构延误诊治如何承担赔偿责任?

案例:

2012年12月15日金某某因身体不舒服由同学送到某医院就诊,14:00左右进入某医院急诊室,14:26使用肾上腺素和阿托品,5分钟后血压急剧上升达到201/133mmHg,随后请二线副主任会诊考虑"颅内动脉瘤破裂、蛛网膜下腔出血"。16:11分头颅CT提示颅内出血,19:55麻醉,20:40开颅减压,出血达80-90ml。2013年1月14日因伤口破裂再次手术,怀疑血管畸形,切除了血管和部分脑组织,术后病人持续昏迷。2013年1月21日转到海军总医院行颅骨修补和高压氧治疗。病人一直昏迷不醒,成植物生存状态。

金某某家属认为某医院未及时进行头颅CT检查并作出正确诊断、错误用药加重病情、延误抢救和手术时间、术后监护和护理不当导致伤口裂口、第二次手术不当等过错。

经金某某家属申请,法院委托司法鉴定机构对以下事项进行鉴定:1.某医院在2012年12月15日至2013年1月21日期间对金某某的诊疗行为是否存在过错;若存在过错,其与金某某的损害后果是否存在因果关系及其参与度。2.对金某某进行伤残等级鉴定。3.对金某某护理依赖程度、护理人数、护理期限出具鉴定意见。4.对金某某鼻饲营养的时间、费用出具鉴定意见。5.对金某某后续治疗项目、治疗时间及治疗费用出具鉴定意见。6.对金某某康复治疗项目、治疗时间及治疗费用出具鉴定意见。7.对金某某残疾用具项目及费用出具鉴定意见。

《司法鉴定意见书》分析说明如下：被鉴定人金某某于 2012 年 12 月 15 日 14 时 12 分因"突发意识障碍 20 分钟"到某医院急诊就诊，查体：BP132/68mmHg，昏迷，双瞳不等大，左：右 =5:2，对光反射消失，四肢无自主活动。同日 14 时 50 分患者突发肢体抽搐，请上级医师查看考虑：颅内动脉瘤破裂、蛛网膜下腔出血等，在直系亲属赶到之前予气管插管、胸外按压等积极抢救。同日 16 时完成头部 CT 检查，提示"左侧枕叶高密度灶，左侧硬膜下条索状高密度灶，中线严重向右移位"，19 时 44 分进入手术室，术后转入 SICU 病房，2013 年 1 月 15 日行二次手术，2013 年 1 月 21 日出院，后转至海军总医院治疗。

某医院诊疗上的主要过失为：被鉴定人金某某于 2013 年 12 月 15 日 14 时就诊时检查见其双瞳孔不等大，后考虑为：颅内动脉瘤破裂、蛛网膜下腔出血等，临床对颅内血肿已出现一侧瞳孔散大的小脑幕切迹疝征象时，应力争在 30 分钟或最迟 1 小时内以将血肿去除或去骨瓣减压。院方认为被鉴定人入院时生命体征不稳定，但急诊病历材料中未记载具体数值，也未早期行头颅 CT 检查。被鉴定人入院时即有明显的神经系统症状和阳性体征，且提示存在脑疝的可能，虽无影像学检查明确诊断，但院方应考虑可能需要手术治疗，术前常规工作在明确诊断后即可开始准备，院方在 19:44 分进入手术室行左额颞顶枕部大骨瓣减压＋颅内血肿清除手术，其间隔时间偏长，被鉴定人金某某从至院方就诊处到进入手术室共历时 4 小时余，脑组织长时间受压可能造成严重的损害后果，院方对被鉴定人的治疗存在延误。认定该过失与被鉴定人的损害后果参与度系数值为 50%。

一审法院根据鉴定意见判定某医院承担九十多万赔偿款，后续护理费、鼻饲费、医疗费、康复费、残疾用具费和卫生用品费待实际发生后再另行起诉。二审法院维持一审法院意见。

专家解析：

该案如果法院支持后续费用的赔偿，该个案的赔偿额度至少到了300 万。法院之所以不支持一次性支付后续费用，则是出于多方面考虑，一是金某某的实际生存时间长短，二是一次性支付过多，对医院造成较大负担，因此采取了折中，待实际发生后另行主张。

该案的审理，只是一个个案，类似的案件要得到同样的判决结果，难度会比较大；医疗案件的审理，法官大部分是基于鉴定意见作出判决，而对于该案入院到手术四个小时的时间，其他鉴定机构要得出医院重大的诊疗过错，且过错参与度要达到 50%，难度是非常大的。

33.风险知情同意书能否成为免责金牌？

案例：

阿莲不适到家附近某家医院检查，胎儿健康安好，只是她的肚子格外大，最后一次产前检查显示，她的腹围有110厘米。2009年11月，阿莲已怀孕快39周，临近产期。一日，阿莲觉察羊水可能破了，赶紧上医院。医生初步诊断，"胎膜已破，宫口未开"。此时，病历上登记的腹围变成"100厘米"，阿莲也没在意。一系列检查后，医生判断可自然分娩，阿莲和家属便在《产科知情同意书》签下"了解病情、要求阴道分娩"。下午2时，超声波检查报告出来后，医生认为阿莲出现了不规则宫缩，建议用催产素催产。在医生的指导下，阿莲又写下"了解病程、要求催生"。随后，阿莲被送入产房静滴催产素。药效一起，阿莲腹痛剧烈，进入产程。不料，当数名医护人员正忙着助产时，一医生走进产房，见阿莲腹围巨大，连连指责她不应阴道分娩。医生要求阿莲一定要在《知情同意书》加写"拒绝剖宫腹产"。"你们早就该知道胎儿大啊！这会才说会难产？还要我签字说自己不愿剖腹？"躺在产床上阿莲忍着痛抗议，不愿签字。见此，医护人员都停下手头工作，不再助产。而此时在催产素作用下，宫口已经全开，阿莲生怕再拖下去，孩子有生命危险，只好屈从签字，医护人员这才恢复助产。悲剧因难产男婴右肩神经受伤折腾到晚上8时，阿莲终于生出白白胖胖的儿子来，足足八斤多。一家人刚还没为来之不易的小生命高兴多久，就发现男婴右肢不能活动。随后，医院告知，因胎儿巨大肩难产，男婴患产伤性右侧臂丛神经损伤。婴儿被转到儿科治疗半个多月，又被送到省妇幼医院。出院后，阿莲多次带着孩子去省妇幼医院进行康复治疗。前前后后住院一百多天，耗钱耗精力，孩子病情终于日渐好转。现在，小男孩已能跑能跳了，肩膀仍然会不自然晃动，阿莲一家人心疼不已，又怒气难平。这两三年时间，阿莲和医院不断交涉，始终无法达成和解，只好向某某市法院提起诉讼。阿莲向法院说明上述情况，基本得到认定。阿莲提出，此事故是医生失职所致，医院错记实际腹围，误判可自然分娩，还错上加错使用催产素，孩子遭疼，家人生活混乱，医院应赔偿经济损失与精神抚慰金共12万多元。鉴定质疑病历的真伪无法进行对此，医院驳称曾建议剖宫产，但产妇家属强烈要求阴道分娩；家属明知胎儿巨大可能出现肩难产，却对再三劝说置若罔闻。"患者的选择必须被尊重。"医院表示只能尽最大努力保障母婴安全。

医院认为，肩难产和并发症本身就难以预测，国内还有剖腹产也出现臂丛神经损伤的报道。即便是技术高超的医师，也难以避免出现并发症。这事故，是胎儿本身因素所致，与"使用催产素"等医疗行为无关，拒绝承担民事赔偿责任。在法院的协调下，双方同意委托广州市医学会医疗事故技术鉴定机构（简称广医鉴定办）进行医疗事故技术鉴定。三个月后，医院总算将材料交齐，阿莲却认为医院篡改住院记录，比如，多次记录为胎儿体重4.750千克，住院病历变为"估计胎儿体重3.8千克"。此外，病历还多出"胎儿过大，分娩过程中易发生肩难产、锁骨骨折、臂丛神经损伤等，表示理解"等内容。因医患双方对病历的真实性有异议，医疗事故或医疗过错鉴定都没法进行，广医鉴定办决定中止鉴定，其他鉴定机构也拒绝鉴定。

法院通过审查证据，认定医院是明显的过错，法院判医院赔偿实际经济损失3.7万元；因孩子未进行伤残评定，精神损害抚慰金不予支持。判后，双方都没上诉。

专家解析：

医院应举证无过错才能免责，医院时常会遭遇篡改病历证据的指责，而家属常因"签署知情同意书"而无话可说。责任过错，究竟如何认定的? 陈法官解释,医院应举证无过错,否则即使有患者签署的同意书,也不能免责。1.若无过错,医院应进行有力举证《最高人民法院关于民事诉讼证据的若干规定》对医患举证责任分配作了明确的规定:医疗行为与损害结果之间不存在因果关系、不存在过错,医疗机构应承担举证责任。医疗行为是否导致了损害结果,核心证据往往是病历资料,但因医疗机构单方监管病历,掌握更多医疗信息,病历的真实性常常难以保证、难以印证。审理此类案件,要求对病历资料真实性进行细致分析。本案,医院未在双方见证下将病历档案进行封存,其中有一份的病历续上"胎儿过大,分娩过程中易发生肩难产、锁骨骨折、臂丛神经损伤等,表示理解",材料显得不可靠,无怪乎医院被指责篡造记录,致使医疗事故鉴定不能进行,医院失去了无过错的证据。病历资料证据效力弱化情况下,"家属已知风险、强要顺产"的说辞无法得到证实。综合其他证言与事实,医院本应知道阿莲胎儿较大,却没有取最佳的接生方案,可认定有明显过错。2.患者签同意书,医院违规仍要担责"即使患者'知情',签署同意书,医院也有责任风险。"法官认为。患者或家属有权知晓、理解自己或家属的病种、病情、医疗风险等,并对医疗措施进行决定取舍。但现实中,医患之间存在严重的信息不对称,知情同意权转化成实有权利往往大打折扣。很多情况下,患者往往只能唯医生马首是瞻、唯医嘱是从,根本就没有知晓和选择的权利,医患侵权往往就是这样发生。如本案,阿莲依照医嘱,屡次签下"了解病情、要求阴道分娩"等字样,最后成为医院免责理由。医生是专业人员,患者就医就是为了寻求专业帮助,医生有义务为患者选择最佳的治疗方案。签署知情同意书仅仅说明患者已经知情,而且同意医方的处理意见,但是如果医方的行为明显违反法律法规及诊疗规范,即便患者签署了知情同意书,医院仍应当承担过错责任,而不能免责。只要这个过错可以认定,即使没有医疗鉴定,一样可以判赔。

34.死者家属对医疗事故赔偿金如何分割?

案例:

张先生因医疗事故死亡。医院与张先生的父母、妻儿达成协议,赔偿他们10万元。后医院将10万元赔偿金以张先生母亲的名义存入银行。张先生的妻儿,要求分割该款中的7.5万元。张先生的父母不同意。于是,张先生的妻儿将他的父母诉至通州区法院,要求对10万元赔偿金进行析产、确权,张先生的父母返还7.5万元。

专家解析:

这笔医院的赔偿金,应由张先生的父母、妻儿按份共有。按份共有,也称分别共有,是指两个或两个以上的共有人对同一项财产按照确定的各自享有的份额,享有权利并承担义务的一种共有关系。在按份共有中,各共有人对共有物享有不同的份额。医院与张先生的父母、妻儿因医疗事故,自愿签订了医疗事故补偿协议,是双方真实意思表示,应为有效协议。基于该协议,张先生的父母、妻儿取得了10万元的共有财产。对这10万元共有财产,张先生的父母、妻儿应当各自享有一定的份额。但协议内容没有对赔偿金进行细化,明确每个人应享有的份额。

一般情况下,在按份共有关系中,份额不明确则推定各共有人持有均等份额。但本案中,若一味强调各共有人持有均等份额显失公平,张先生的父母在处理张先生医疗事故和丧葬活动中支付了一定的费用,对其中的合理支出,应从赔偿金中扣除。张先生的儿子是需要抚养照顾的未成年人,在确定4人份额之前应先行保留他的必要抚养费。所以,赔偿金的分配,应在扣除张先生父母支付的合理费用和张先生儿子的必要抚养费基础上,将剩余赔偿金视为死者家属的精神损害抚慰金平均予以分配。

最终,法院判决,张先生父母给付张先生妻子补偿金近2万元,给付张先生儿子补偿金近4万元。

35.如何计算医疗损害赔偿金额?

❋　　❋　　❋

案例:

某某市某某区北安河乡某村的农民赵某(男,54岁)于2001年12月2日以"右肺肺癌"入住北京某医院胸外科治疗。患者胸片及CT片显示其右上叶巨块型肿物侵及右肺肺动脉干远端,纤维支气管镜检显示的右上叶前段新生物病理活检为低分化鳞癌。12月9日患者接受了"右全肺切除+淋巴结清扫术"。12日12时15分即术后72小时,患者因术后大出血、失血性休克导致多脏器功能衰竭,死亡。赵某的家属认为:赵某死亡是由于医院在实施医疗行为的过程中存在明显过失,该过失是导致原告之父死亡的直接原因。两个理由:一、院方在手术中造成患者大出血并最终导致其死亡,从技术上未能有效防范医疗风险。二、院方在这次手术中的术前准备不足, 对患者的病情未尽到充分的注意义务。患者的癌肿已侵及肺动脉,手术方案是"右全肺切除＋淋巴结清扫术",而作为胸外科的大夫应当也能够预见到手术中可能出现大出血的情况,但术前只配了 600 毫升血,以致术中出现大出血(胸腔内有积血 3000 毫升)时,需要重新进行配血,而检验室的大夫又逢休息,耽搁了为患者输血的时间,所以造成患者失血性休克,导致多功能衰竭。

事后,赵某的家属与医院方就赔偿问题协商未果,于 2002 年 10 月 6 日直接向法院提起民事赔偿诉讼,要求医院赔偿医疗费、陪护费、丧葬费、死亡补偿金、死者家属生活补助费等共计十万多元。

专家解析:

依照《医疗事故处理条例》的规定,如果赵某的死亡不属于医疗事故,医疗机构不承担赔偿责任。如果赵某的死亡被确定为医疗事故,赵某的家属可能得到的赔偿数额应当按本条例第五十条所列的项目和标准来计算,具体内容如下:

1.医疗费:按照医疗事故对患者造成的人身损害进行治疗所发生的医疗费用计算,凭据支付,但不包括原发病医疗费用。结案后确实需要继续治疗的,按照基本医疗费用支付。

2.误工费:患者有固定收入的,按照本人因误工减少的固定收入计算,对收入高于医疗事故发生地上一年度职工年平均工资 3 倍以上的,按照 3 倍计算;无固定收入的,按照医疗事故发生地上一年度职工年平均工资计算。

3.住院伙食补助费:按照医疗事故发生地国家机关一般工作人员的出差伙食补助标准计算。

4.陪护费:患者住院期间需要专人陪护的,按照医疗事故发生地上一年度职工年平均工资计算。

5.残疾者生活补助费:根据伤残等级,按照医疗事故发生地居民年平均生活费计算,自定残之月起最长赔偿 30 年;但是,60 周岁以上的,不超过 15 年;70 周岁以上的,不超过 5 年。

6.残疾用具费:因残疾需要配置补偿功能器具的,凭医疗机构证明,按照普及型器具的费用计算。

7.丧葬费:按照医疗事故发生地规定的丧葬费补助标准计算。

8.被抚养人生活费:以死者生产或者残疾者丧失劳动能力前实际抚养且没有劳动能力的人为限,按照其户籍所在地或者居所地居民最低生活保障标准计算。对不满 16 周岁的,抚养到 16 周岁。对年满 16 周岁但无劳动能力的,抚养 20 年;但是,60 周岁以上的,不超过 15 年;70 周岁以上的,不超过 5 年。

9.交通费:按照患者实际必需的交通费用计算,凭据支付。

10.住宿费:按照医疗事故发生地国家机关一般工作人员的出差住宿补助标准计算,凭据支付。

11.精神损害抚慰金:按照医疗事故发生地居民平均生活费计算。造成患死亡的,赔偿年限最长不超过 6 年;造成患者残疾的,赔偿年限最长不超过 3 年。确定赔偿计算办法之后进行具体计算时,要清楚地了解赵某本人的个人自然情况及其家属的实际情况。

当然,根据本条例内容所规定的原则,赵某的家属最终能够得到的赔偿数额具体是多少,这还得由法院考虑医疗事故的等级、医疗过失行为在医疗事故损害后果中的责任程度、医疗事故损害后果与患者原有疾病状况之间的关系等因素之后才能确定。

36.精神病患者在非专业医院治疗期间在医院自杀身亡,如何认定责任?

案例:

患者林某因患多种疾病到医院接受治疗,治疗期间该患者从医院6楼一跃而下自杀身亡。患者家属以医院没有尽到安全防范义务和存在管理漏洞为由将其告上法庭,请求法院判令医院赔偿各项损失78万余元。近日,某某省某某市某某区人民法院审结此案,一审认定医院治疗及护理行为无过错,无需承担对自杀患者家属的赔偿责任。

年过五旬的林某患有麻痹性痴呆、神经性梅毒、十二指肠溃疡等多种疾病,2012年2月起,林某多次到某地某医院接受治疗。2013年11月8日,林某再次入院,在该医院住院部六楼住院治疗。

次日凌晨3时40分,陪护林某的家属发现林某不在病床上,情急之下医护人员和林某家属随即分头寻找,一小时后发现林某倒在3楼阳台上,随即对林某展开抢救,但经抢救无效死亡。随后,当地派出所民警赶到医院事发现场,警方调查勘验后出具了一份报警回执,载明林某系跳楼自杀导致死亡。

林某的家属认为,该医院作为专业的治疗机构,在已经查明林某患有精神疾病的情况下,明知其在病态支配下随时可能突然发生自杀、自伤、外逃等事件,却疏于安全注意义务,没有采取安全防范管理措施,对林某的死亡负有责任。因此请求法院判令医院赔偿林某的家属死亡赔偿金、丧葬费、精神损害抚慰金、施救医疗费用等损失共计78.6万元。

某某法院审理查明,2013年11月8日林某第三次到该医院住院治疗,入院诊断为麻痹性痴呆和神经性梅毒。入院后该院给予营养神经、改善循环、青霉素抗梅毒、控制精神症状等治疗,并实施腰椎穿刺术。入院当日,医院向林某家属出具《护理危险告知单》和《病情告知书》,告知病人家属:林某患有多种疾病,存在跌倒、滑倒、坠床、压疮等各种危险,建议家属"需24小时身边陪护"。林某的儿子小林在《告知单》和《告知书》上签了名。法院认为,该医院并非专项治疗精神疾病的医院,作为普通医院,该院已经尽到了相应的管理或护理义务,对于林某死亡结果的发生,并不具有管理或护理上的过错。据此,法院判决驳回了林某家属的全部诉讼请求。

专家解析:

患者自杀与医院的诊疗行为无因果关系,该案争议的焦点应是医院对于林某的死亡是否存在过错及应否承担赔偿责任。

根据相关法律规定,公民、法人违反合同义务,或者因实施侵权行为,给他人造成损害的,应当承担民事责任。本案中林某因麻痹性痴呆、神经性梅毒而进入该医院接受治疗,医患双方即存在医疗服务合同关系,医院应当按照规范为患者提供安全的医疗设施和医疗服务。

死者林某的家属举证证明该医院违反合同义务实施侵权导致林某的损害。根据医院向林某的儿子小林出具的《护理危险告知书》及《病情告知书》,已经明确要求林某的家属应24小时陪护。该医院作为普通医院,并非专项治疗精神疾病的医院,根据林某的病情诊断,其所患疾病为麻痹性痴呆、神经性梅毒,并非精神疾病,医院方所采取的护理措施,其目的是对病人的生命体征进行观测,对病人的病情进行合理治疗,而不能以此视为医院方应当派专门医护人员不间断地看护患者,限制病人的人身自由。

基于公安机关的报警回执,林某系凌晨趁陪护亲属熟睡之机自杀身亡,而林某入院及住院期间,并无迹象显示其有轻生之念,且在家属发现林某离开病房后,医护人员积极配合家属进行寻找,发现林某坠楼后医院也积极予以抢救。

综上,该医院已经尽到了相应的管理或护理义务,对于林某死亡结果的发生,并不具有管理或护理上的过错,林某坠楼死亡的损害后果与医院的诊疗行为无因果关系,林某家属无法举证证明其主张,依法应承担举证不能的法律后果,故原告要求医院承担民事赔偿责任的诉讼请求无事实和法律依据,法院依法不予支持。

37.内固定钢板断裂,骨骼畸形愈合,谁负责?

案例:

1988 年 5 月 6 日,原告因左胫骨骨折到被告处治疗,被告给原告行钢板内固定术后,于 1990 年 8 月 26 日确定以临床治愈,让原告出院。原告出院后一个月,到被告处拍片复查,X 线检查报告,钢板断裂,胫骨畸形愈合。原告诉称,被告使用质量不合格钢板,为原告实施手术,致原告胫骨畸形愈,给原告造成损害,应承担赔偿责任。被告辩称,本案不是医疗损害赔偿,是产品质量损害赔偿,应当追加产品销售者和生产者作为本案被告。经查,被告是在非正规厂家购进的钢板。判决:被告承担赔偿责任。

专家解析:

本案是一起医疗差错赔偿案件。被告在非正规厂家购进钢板,明知钢板质量没有保障,而仍使用其为原告手术,终致钢板断裂,给原告造成损害。被告的过失行为与原告的损害结果之间有直接的因果关系,被告应承担损害赔偿责任。被告以本案是产品质量损害赔偿案件为由,要求追加产品销售者和生产者为本案被告,于法无据。被告医院本身就是销售者,根据《中华人民共和国民法通则》意见(试行)一百五十三条规定,消费者、用户因为使用质量不合格产品造成本人或者第三人人身伤害、财产损失的,受害人可以向产品制造者或销售者要求赔偿。《产品质量法》第三十一条规定,因产品存在缺陷造成他人人身、他人财产损害的,受害人可以向产品的生产者要求赔偿,也可以向产品的销售者要求赔偿。原告也可以向被告提起侵权之诉,原告依法享有选择的权利。

38.医院不承担举证是否应承担举证不能的后果?

案例:

2003 年 12 月 24 日,原告张某在被告某医院顺产一男婴。2004 年 2

月16日,原告持所在乡镇人民政府计划生育办公室(以下简称计生办)出具的计划生育免费技术服务单到被告处进行计划生育手术,被告为原告进行登记并收取挂号费,同时向原告出具了某某省计划生育技术服务机构放置宫内节育器手术知情同意书,原告选用T型环,并在上述知情书上签名。后被告依据服务单明确的免费技术服务内容为原告施行节育手术,为原告放置了T型环。

原告术后不久带环孕娠,为此进行了人工流产。后原告仍感到身体不适,不能从事正常工作。2004年8月4日,原告到某某县人民医院门诊,经彩超检查,发现T型环已穿透子宫壁,移位于子宫右侧。次日,原告遵医嘱在该院住院,8月6日,该院为原告行剖腹取环手术。同月12日,原告治愈出院。被告为原告支付了医药费3230.78元。

出院后,原告认为被告工作人员未作认真检查,在其生产后不久,违反规定提前为其放置节育环并导致了节育环异位的后果,给其身体、精神及家庭生产、生活和小孩的健康成长带来了直接的影响,要求被告给予赔偿。被告则认为其与所在乡镇签有人口与计划生育目标管理责任书,其行为系受镇政府委托,原告属于计划生育并发症,因而拒绝赔偿。为此原告向海安县人民法院提起诉讼,要求被告赔偿其医疗费、误工费等损失及精神抚慰金合计25530元。

诉讼过程中,被告仍坚持其上述意见,且称其为原告所施行的手术行为并无不当。案件承办人员提示医院对其医疗行为是否存在过错及其行为与原告所受到的损害是否存在因果关系负有举证责任,但被告拒不进行相关鉴定。2005年2月22日,某某县人民法院审结一起因放置的节育环异位引发的医疗损害赔偿纠纷案,依法判决某医院除负担已为受害人支付的医疗费 3230.78 外,另行赔偿受害人医疗费、护理费、误工费等损失及精神抚慰金 2919.48 元。

专家解析:

被告所在乡镇与被告签订人口与计划生育目标管理责任书,系政府加强计划生育管理的一种手段。原告响应计划生育号召凭计生办出具的计划生育服务单到被告处放置节育环,与被告之间直接形成医疗服务合同关系。被告为原告放置节育环后,原告因节育环异位导致身体受损害的后果,被告应当对其医疗行为是否存在过错以及其医疗行为与损害后果之间是否存在因果关系承担举证责任。因被告未举证证明其医疗行为不存在过错及其医疗行为与原告受损害后果之间不存在因果关系,故应推定被告存在过错,其应当对原告的被损害后果承担相应的民事责任。遂作出上述判决。

39.医院能否侵犯患者的知情权和选择权?

案例:

陈女士于 1997 年 5 月 8 日因卵巢囊性畸胎瘤,接受某医院的手术治疗。术前,某医院与陈女士家属签订了手术自愿书时,注明"术中根据病情决定术式及手术范围,如为恶性,则有切除子宫可能",但未及其他。手术中,某医院认为右侧卵巢瘤恶性可能性大,并联系做快速病理,但在未能联系成的情况下（当时某某市做不了快速病理），实施了"子宫全切术、双侧附件切除术、大网膜部分切除术、病灶切除术"。术后，陈女士的父亲认为医院为女儿所做的手术超出范围，切除子宫双侧附件是不正确的，导致了陈女丧失女性第二性特征，终生依赖药物维持女性第二性特征的严重后果，给女儿生理、生活各方面造成严重影响，随后向法院提起诉讼，请求医院赔偿。

法院在二审时，委托最高人民法院司法鉴定中心对陈女士肿瘤性质进行鉴定，结论为陈女肿瘤性质为卵巢囊性畸胎瘤，组织学特征临界恶性。经过庭审质证，双方当事人对鉴定结论均无异议。

法院审理认为：陈女士因病到某医院就诊，交纳住院费用后，某医院将其收治入院，双方之间便形成了医患关系。陈女士作为患者，根据《执法医师法》的规定，有权对自己所患疾病的性质、严重程度、治疗情况及后果有知悉或了解的权利，并可以对医务人员所采取的防治医疗措施决定取舍。根据《医疗机构管理条例》第六十二条规定，某医院作为医疗机构应当尊重患者对自己病情、诊断、治疗的知情权。在实施手术、特殊检查、特殊治疗时，应当向患者作必要的解释。同时，根据《医疗机构管理条例》第三十三条规定：医疗机构施行手术或者特殊治疗时，必须征得患者同意，并应当取得其家属或者关系人同意并签字；无法取得患者意见时，应当取得患者家属或者关系人同意并签字；无法取得患者意见又无家属或者关系人在场，或者遇到其他特殊情况时，经治医师应当提出医疗处置方案，在取得医疗机构负责人或者被授权负责人员的批准后实施。然而某医院在决定为陈女士进行剖腹探查术时，虽然与其家属签订了手术自愿书时，附注第四项注明：术中根据病情决定术式及手术范围,如为恶性,则有切除子宫可能。某医院在手术中在未有病理回报的情况下,根据经验确定肿瘤为恶性(经过鉴定已经确定为恶性),切除陈女士的子宫符合医患双方约定。但是某医院在未将切除双侧卵巢(系维系女性第二性特征的重要器官)可能引起的严重后果告知陈女及其家属的情况下,并且在未取得患者及家属的书面同意时擅自将陈女士的双侧卵巢、双侧输卵管及大网膜全部切除,导致了陈女丧失女性第二性特征,终生依赖药物维持女性第二性特征的严重后果,某医院的行为侵犯了陈女士的知情权,而且也剥夺了陈女士是否进行双侧卵巢等项手术的自主决定权,某医院的行为符合民法侵权之债的法定构成要件,某医院应当依法对陈女士进行赔偿。同时某医院的行为也给陈女造成了极大的精神创伤,依据最高人民法院《关于确定民事侵权精神损害赔偿责任若干问题的解释》的有关规定,某医院应当给付陈女(化名)精神损害赔偿。

根据《中华人民共和国民法通则》第一百一十九条及《最高人民法院关于贯彻执行〈中华人民共和国民法通则〉若干问题的意见(试行)》第一百四十四条、一百四十五条一百四十六条及一百四十七条及《中华人民共和国民事诉讼法》第一百五十三条第一款(三)项的规定,判决某医院给付陈女士精神损害抚慰金 20,000.00 元;赔偿陈女士伤残补助费、继续治疗费、误工费及护理费等合计 138,682.35 元。

专家解析:

医疗纠纷是一种特殊的民事纠纷,医患关系是一种特殊的民事关系,患者不简单等于消费者。但医院作为一种特殊的事业单位,也是广义的经营者。医院在诊疗、护理和卖药等活动中,已越来越多地渗透了经营行为,医方以医疗方式获得利润的特征日趋明显。医患关系中的高风险性不应由患者用自己的身体单方承担,法律没有理由不保护处于弱势群体的患者。本案中,某医院有违规操作行为,侵犯了患者的知情权和选择权,构成民事侵权,即应当承担医疗风险,依法给患者以赔偿。

在医患关系中,医院的权利主要包括治疗权(疾病检查权、自主诊断权、医学处方权);医学研究权;医护人员的人权尊严权等。医院的义务主要有九个方面:依法开业及执业的义务;依法或依照双方约定提供医疗服务的义务;对社会及患者的忠实诚信义务;向患者及家属说明病情、治疗措施、注意事项等告知义务;医疗转诊义务。对不能治疗的疾病,应及时建议患者转院治疗;报告义务。发生重大医疗事故等情况时,应依法向卫生主管部门及有关部门报告;职业道德方面的义务,如诊疗最优化,用药适量,手术合理,治疗方案最佳,使患者痛苦最小,医疗费用最低等。

患者享有的权利主要包括生命健康权;人格权(隐私权、姓名权、肖像权、名誉权);财产权;公平医疗权;自主就医权(包括选择医疗机构和医护人员);知情与同意权。患者对疾病的病情、治疗措施、医护人员的情况等享有知情权,而医院采取的治疗行为应事先征得患者或其家属的同意之后方可进行;医疗文件的查阅权、复印权;监督权;索赔权;请求回避权。对可能影响公正、公平医疗事故鉴定的组成人员,有权提出回避。

发生医患纠纷后,根据我国现行法律、法规的规定,医患纠纷可以通过三种途径解决:一是自行协商。二是行政解决。第三种途径就是司法裁决。其中,医疗事故引发的医患纠纷与非医疗事故引发的医患纠纷的法律适用是不尽相同的,前者需适用《医疗事故处理条例》进行裁决,而后者则依照《中华人民共和国民法通则》及相关司法解释予以裁判。

医患双方在医患纠纷诉讼中应注意的事项有:第一,患者在起诉时应注意是否超过了诉讼时效。按照《民法通则》第一百三十六条第二款的规定,身体受到伤害要求赔偿的,患者应当在从知道或应当知道权利被侵犯时起一年内向医院所在地人民法院提起诉讼,超出诉讼时效后就会失去法律的保护,法院会作出驳回诉讼请求的判决。第二,医患双方的举证责任不同。根据《最高人民法院关于民事诉讼证据规则的若干规定》的规定,医患纠纷的举证责任分配是责任倒置,具体而言,患者在起诉时应提交在医院就诊治疗、遭受损失的事实及具体数额等相关证据材料,而医院需承担证明自己在对患者提供医疗服务过程中不存在过错或过失的充分证据,否则,医院就需承担对患者造成人身损害及精神损害的赔偿责任。第三,应选择最恰当的法律、法规及有针对性的证据,以支持自己的主张和保护自己的权利。这是因为同一医患纠纷可能发生法律竞合的问题,但依据不同的法律规定,其法律责任可能有较大区别,关键是看哪一部法律、法规,哪一具体法律条款对自己更有利。诉讼中应围绕核心问题进行举证、质证,可起到事半功倍的效果。

医疗侵权人身损害赔偿标准有两种:一种是《医疗事故条例规定》的赔偿标准,但此规定只适用于构成医疗事故的医患纠纷;第二种是《最高人民法院关于贯彻执行〈中华人民共和国民法通则〉若干问题的意见》及人身损害精神损害赔偿等相关司法解释所规定的赔偿标准,适用于医疗事故等特殊案件外的所有人身侵权损害赔偿案件。

作为医疗单位,一是要尽量防止和避免医患纠纷发生。据调查显示,医患沟通不到位是造成医患纠纷的一个重要原因。因此要"加强医患沟通、转变服务理念",以避免和减少医患纠纷。二是进一步宣传、贯彻《医疗事故处理条例》。卫生行政部门、医疗机构和医务工作者要了解和掌握《医疗事故处理条例》,依法管卫生、依法执业,也要人民群众熟悉条例规定的内容,一旦发生医疗纠纷能够及时依法解决。三是要督导医疗机构和医务人员规范执业。严格遵守《临床诊疗技术操作规范》和《疾病诊疗指南》,指导、帮助医务工作者规范执业,提高医疗质量,保证医疗安全,减少医疗纠纷。四是要加强制度建设,认真做好医疗事故技术鉴定工作。从制度上保证医疗事故技术鉴定工作依法公开、公正、公平地开展,坚持及时、便民原则。对在医疗事故技术鉴定过程中出现的徇私舞弊、违规行为,要依法予以严肃处理。

40.诊断报告来历不明,医院应否担责?

案例:

2003年12月26日凌晨,原告张某某(已孕26周加5天)发生胎膜早破,于3点20分被救护车送至被告医院急诊。4点10分左右,被告医师对张某某进行查体,诊断为"晚期难免流产、胎膜早破",被告医师将病情向原告及家属交代并要求原告实施催产素引产,遭到张某某及家属的拒绝。当日,在得到原告丈夫签字认可的情况下,被告医师对张某某实施催产素引产。12月28日1点20分,原告娩出一女胎(存活5分钟后死亡)。12月30日,原告出院。期间原告支出医疗费1342.26元。此外,原告张某某住院期间,原被告已发生纠纷,但被告未封存病案。2004年1月18日,原告以被告延误抢救时机,不积极采取保胎措施、错误作出引产决定,并且在事后编造病历、伪造检查记录,造成其精神和肉体上的严重伤害为由起诉医院,要求被告赔偿。

案件审理过程中,被告提交了张某某住院原始病案。该病案对于张某某急诊时间存在差异(一为4:10,一为4:20)、急诊时是否进行B超、彩超检查、阴道见红时间(一为三小时,一为三天)、分娩胎儿是否为活体(一为死胎,一为存活5分钟后死亡)记录存在矛盾。

在法庭质证阶段,原告对被告提交的住院病案真实性提出异议,主张收住院当天并未进行B超和彩超检查,且未收费,病案中B超、彩超检查报告单均为被告伪造。经法庭审核,虽然病案中有B超和彩超的检查报告(均提示胎膜早破、晚期难免流产),但医嘱单中并无医师医嘱要求行B超和彩超检查。此外,交付张某某费用清单中亦无B超和彩超的收费记录。被告对此解释为:张某某当时病情危急,医师发扬人道主义精神,免费为其行B超、彩超检查,故医嘱单和收费记录中未显示,但两项辅助检查确已进行,结论亦客观真实。

一审法院经审理认为,医疗行为引起的人身损害案件的举证责任实行举证倒置和过错推定,由医疗机构就其医疗行为无过错、与原告损害后果之间不存在因果关系举证。如医疗机构不能证实自身诊疗行为不存在过错且与患者损害后果不具有因果关系的,推定存在过错且与患者损害后果之间具有因果关系。医疗机构负有按照国务院卫生行政部门规定的要求书写并妥善保管病历资料的义务，该义务也是为了在发生医疗纠纷时，能够提供准确、真实、客观的原始资料，以便查清事实。本案中，被告在原告住院期间明知双方已发生纠纷，但未及时封存病案，具有过错。病案中，原告急诊来院当晚是否进行过B超及彩超的检测，被告对此在医嘱单及收费记录均无记载。而原告最初的B超、彩超检查报告系本案关键证据，被告不能证实病案中B超、彩超检查报告的真实性，造成本案核心证据丧失证明效力，案件事实真伪不明。此外，对于原告来院前见红天数、来院接受治疗的时间以及娩出的胎儿是否为活体等诸多情节，病案记录亦存在差异和矛盾。以上差错导致被告提交的原始病案缺乏真实性、客观性，无法以此病案作为医疗鉴定的依据。被告因自身缘故不能完成举证责任，依法应承担举证不能的法律责任。据此，按照民事诉讼证据规则推定被告的医疗行为存在过错，且与原告的损害后果具有因果关系。根据《最高人民法院关于民事诉讼证据的若干规定》第二条第二款、第四条第八款、第七十三条第二款、《中华人民共和国民法通则》第一百零六条第二款、第一百一十九条、《最高人民法院关于确定民事侵权精神损害赔偿责任若干问题的解释》第一条第一款第一项、第十条、《医疗事故处理条例》第五十条、第五十二条之规定，判决如下：1.自本判决生效之日起十日内，被告徐州市第四人民医院赔偿原告张某某医疗费1342.26元、误工费50元、护理费69.7元、交通费（含急救车费）110元、住院伙食补贴40元，以上款项合计1611.96元。2.自本判决生效之日起十日内，被告某某市某某人民医院赔偿原告张某某精神损害抚慰金500元。宣判后，原被告双方均不服并均提出上诉。

二审法院经审理后认为，由于某市医院院在双方发生纠纷后未在患者在场的情况下及时封存病历，对张某某住院当日是否进行了B超和彩超检查的记录于当日的医嘱单和收费记录中的记载不能相互印证，且对接诊时间及娩出的胎儿是否为活体等事实的记录又存在多处矛盾，致使该病案资料尤其最初的B超和彩超报告单缺乏真实性和客观性，难以作为医疗事故技术鉴定的依据。对此，某地医院应当承担相应的责任。原审法院根据本案具体情况推定某地医院的医疗行为存在过错，且与张某某的损害后果之间存在因果关系，判决某地医院承担相应的民事赔偿责任并无不当，应予维持。由于某地医院对张某某实施的终止妊娠的医疗措施，是在征得张某某及其丈夫同意后进行的，张某某并无证据证实其丈夫签署同意引产意见和署名的行为违背了其丈夫的真实意思，故上诉人张某某要求精神抚慰金10000元的证据不足，不予支持。某地医院在接诊后，未及时安排主治医生对张某某进行检查并完善各项诊疗记录，造成难以进行相关鉴定的后果，因此，某地医院关于其医疗行为无过错，不应承担赔产责任的上诉主张，无证据证实，亦不予采信。依照《中华人民共和国民事诉讼法》第一百五十三条第一款第(一)项的规定，作出终审判决：驳回上诉，维持原判。

专家解析：

本案对于扩大"众所周知的事实"范围进行了有益的探索。在证据法上，相应增加审判上认知的事项范围，就意味着相对减少了当事人的证明负担和不适当压力，其直接结果则更为有利于诉讼成本的节约，并且有助于提高诉讼时效。本案探讨价值在于如何应用法官认知能力判断核心证据的真伪，进而对证据的客观真实性进行确认。

医患纠纷中,病案往往是进行医疗事故鉴定的重要依据,有时甚至是唯一依据。但是在医疗损害纠纷案件的审理过程中,约有80%的患者会对医院保管的病历、病案真实性提出异议。而这种怀疑通常也并非空穴来风。这是近年来社会诚信危机在医患关系中的表现,也给法院审理医患纠纷案件带来极大困难,造成案情扑朔迷离,难以权衡。如果法院对病案真实性的认定出现偏差,则极易造成错案。

按照《医疗事故条例》第十六条规定,发生纠纷时,死亡病例讨论记录、疑难病例讨论记录、上级医师查房记录、会诊意见、病程记录应当在医患双方在场的情况下封存和启封。可以看出客观病历并不在封存之列,而客观病历通常是定案依据。封存病历要求患者和家属的配合,这在实际操作中会遇到一定的困难。况且,未及时封存病案只是医院行政管理方面出现瑕疵,如果仅仅是因为没有封存病案即判令医院败诉、承担高达几十万的赔偿,则过于草率。所以,虽然张某某主张发生纠纷时医院没有封存病历,虽属实,仍不能即推定病案不具有客观真实性。

一般情况下,患者住院病案都较为丰富,而要求医务人员一字不改完成全部记录,则过于苛刻。特别是一些比较规范的医院,参与医疗的人员往往多达数十人(包括主干学科医师、麻醉师、护士、药剂师、化验员、影像学医师、辅助人员等),如此众多的工作人员同时达成合意、恶意通串并伪造病历的可能性较小。故对存在瑕疵的病案,实践中不能轻率否定其真实性,应当以查明的事实作为鉴定依据。如本案中虽然张某某查体时间医院记录存在十分钟误差,但难以苛求医院做到分秒不差,且十分钟的误差不足以导致延误治疗成立,因此,虽然医院对进院时间记录存在瑕疵,并不足以认定病案缺乏客观真实性。此外,虽然医院在对张某某阴道见红时间有较大差异（一为三小时，一为三天），但通过法庭调查，双方均认可为三天，故三小时应为笔误，如进行医疗事故鉴定，应当根据法院查明的事实即见红三天进行鉴定，不能因为出现可以纠正的笔误而否定病案的客观真实性。关于张某某引产出的胎儿是否为活体，病案中记录存在矛盾。经过法庭调查，查实为一女胎，存活5分钟后死亡。按照医疗行业惯例，26周的胎儿不具有抢救价值，即使曾经存活通常也视为死胎，所以医师记录为死胎。对于该事实，原告亦不持有异议。加之本案争议的焦点在于是否延误病情、错误采取引产措施，而分娩的胎儿存活与否并非争议焦点，对引产过程并无实质影响，因此，也不能因为病案对胎儿是否存活的记载有矛盾就否定病案的客观真实性。

以上病案中的矛盾之处，均属于可以校正的瑕疵，能够根据法庭调查进行修正。而且，即使存在以上疏漏，尚不足以否定病案的真实性。但是，对于入院当天的B超和彩超的检查报告在病案中的地位则需要重新考量。要正确判断B超和彩超检查是否具有客观真实性，法官必须具备较强的司法认知能力。结合该案要确认两个关键事实：1.医疗机构医疗行为运行的行业惯例。2.B超、彩超检查报告对于产科病症确诊是否具有决定作用。关于第一个关键事实，根据法官所掌握的医疗机构行为惯例，辅助检查应当在主治医师下过医嘱、患者预交或先行交纳检查费后方可进行。医嘱应当在医嘱单或者门诊病历中有所体现。但是本案病案中的医嘱单及门诊病历中并无行B超和彩超的医嘱。张某某也没有交纳检查费。虽然不排除医院义务为患者检查的可能，但是某地医院并无证据证实确实为张某某义务进行了B超和彩超检查。因此，可以认定病案中B超和彩超检查报告来路不明，不具备合法性和客观真实性。关于第二个关键事实，则需要法官启动自动认知，即法官如果欲认知某种事项时，应立即告知当事人及其律师，使其获得并提供有关知识的机会。这种法官的认知，实际上属于法官自由裁量权的范围。本案一审法官即根据原告提交的医学资料、咨询产科专家得到确认，认定B超及彩超的检查报告对于产科诊断具有最关键的作用。因此判断两份检查报告属于核心证据，该证据不能采信的直接后果是否定病案的客观真实性，因此病案不能作为医疗事故鉴定的依据。由此，被告无法进行医疗事故鉴定，不能排除存在医疗过错及因果关系，故承担了全部过错责任。

尽管本案省略了医疗事故鉴定程序，由法官自动认知否决了病案的客观真实性，并依照证据规则直接判令被告败诉，但最终证明该判决无论从实体到程序都是正确的。这说明法官认知范围的扩大，不仅有利提高审判效率和节约诉讼资源，其直接受益方就是当事人。因此，在司法实践中对于法官认知范围是可以谨慎地、适当地予以扩大。

41.医生私自接生，患者终身残疾责任谁担？

❀ ❀ ❀

案例：

被告李某系某镇卫生院妇产科医生，由于近几年乡镇卫生院福利待遇不高,李某为多赚些收入,于是在未经有权机关批准的情况下,凭着自己多年的从医技术,在家中私自开设起诊所来。2003 年 11 月 6 日 19 时许,原告杜某怀孕第三胎来到李某家等待分娩,李下班后为其接生,至深夜 23 时 55 分,杜某产下一女婴,而杜某却产后大出血不止,李某采取措施,但大出血未得到有效控制,至凌晨 2 时许,李某陪同杜某到县医院救治。但县医院受医疗条件所限,杜某不得不转入某市第四人民医院住院治疗,直至 2003 年 11 月 18 日出院。杜某在住院期间其子宫被行切除术,构成七级伤残。杜某认为子宫被切除是由于李某在接生过程中技术处理不当大出血后没有及时抢救所造成的,遂向法院起诉要求李某和某镇卫生院赔偿损失 54000 元。李某则辩称其在接生过程度中没有任何技术上失误,也没有贻误抢救时间,出现大出血是因杜某自身凝血功能障碍所致,李某并申请对医疗行为与损害结果之间有无因果关系进行鉴定。经医学会鉴定认为:1.患者在李某家中分娩,无任何记录及相关资料可供参考,根据病情分析,患者系产后大出血诊断成立。2.李某家中不具备抢救设施,无法进行及时救治,使杜某丧失了最佳治疗时机,这是导致其子宫切除的原因之一。某镇卫生院对原告的起诉则主张李某的行为系个人行为,与其院无关,其院不应承担责任。

法院审理认为,公民的人身权受法律保护。被告李某未经有权机关批准私设诊所,其行为具有违法性。在产妇出现大出血以后,由于李某家中不具备抢救设施,丧失了最佳抢救时机,由此造成并扩大了原告的损害后果,李某的行为与原告的损害后果之间有因果关系,这已被医学会鉴定结论所证明。李某主张原告凝血功能障碍是出血原因,因无证据证明不予支持。原告第三次分娩不到正规医院生产,而选择在私人家中,具有自冒风险的心理,对损害结果的发生也有过错。李某在下班后于家中接生,不属于职务行为,某镇卫生院不应承担责任。据此,判决李某承担主要责任,赔偿三万元,其余损失由原告自己负担。判决后,李某不服,提出上诉,二审判决驳回上诉,维持原判。

专家解析:

本案李某作为在职的专业妇产科医生,其在家中私设诊所,为她人接生孩子,由于不具备抢救条件,贻误抢救时机,造成原告子宫被切除,从后果来看是相当严重的。两级法院判李某承担三万元民事责任,从私法的角度落实了侵权法的补偿功能,但从公法的角度惩罚功能似乎尚未得到充分发挥。

一、关于本案的性质

由于行医是关系到人民生命健康的特殊职业,国家在这方面的管理较为严格,对行医者的资格和行医活动,制定了一整套管理工作规范及制度。国务院《医疗机构管理条例》第二十四条规定,任何单位或者个人,未取得《医疗机构执业许可证》,擅自开展医疗服务活动,这是非法行医行为。被告李某未取得执业许可证,在家中开展医疗服务活动,属于非法行医。非法行医不属于医疗事故损害赔偿纠纷,应属于普通的人身损害赔偿纠纷,应按照《民法通则》确定的赔偿原则、项目和计算标准办理。《医疗事故处理条例》是行政法规,自一出台,即受到不少批评。《条例》具有行业保护色彩,赔偿标准低,还规定不构成医疗事故不予赔偿,没能很好地体现生命的价值和人格尊严。

有人担心,按医疗事故损害赔偿纠纷处理,过错和因果关系由医方承担举证责任,对患方有利,如果按一般人损处理,过错和因果关系由患方举证岂不是对受害人不利？笔者认为这种担心是不必要的。在非法行医所从事的医疗活动中，患者的弱势更明显。合法的行医主体尚且应负医疗风险的预见、防范以及减轻损害的义务，尚且需要对过错和因果关系承担举证责任，那么非法行医人更应当承担医疗风险和举证责任，这完全符合"举轻以明重"的法学原理。

二、关于本案的法律责任

法律责任通常有民事责任、行政责任、刑事责任之分。尽管被告是非法行医，案由是人身损害赔偿纠纷，但在归责原则上仍然实行过错责任的一般归责原则，因果关系仍然应作为承担民事责任的核心要件。被告李某因无抢救条件贻误了抢救时机，这是构成损害结果的主要原因，应承揽主要责任。原告漠视生命，明知被告在家中接生存在安全隐患，仍选择危险环境，将自己置于不安全的环境之中，原告对损害结果的发生也有一定过错，法院判决原告分担部分损失并无不当。

但本案的处理结果却给人以被告好似没有得到应有的惩罚之感。之所以让人有这样的感觉，主要是因为被告作为妇产科医生私自接生，影响恶劣，社会公众心理难以接受，感觉承担民事责任不足以平"民愤"，认为：（一）应当依法提出司法建议，让被告承担行政责任。《中华人民共和国执业医师法》第三十九条规定："未经批准擅自开办医疗机构行医或者非医师行医的，由县级以上人民政府卫生行政部门予以取缔，没收其违法所得及药品、器械、并处十万元以下的罚款；对医师吊销其执业证书；给患者造成损害的，依法承担赔偿责任；构成犯罪的，依法追究刑事责任。"（二）也可以由人民法院对被告进行民事制裁。《中华人民共和国民法通则》第一百三十四条第三款规定："人民法院审理民事案件,除适用上述规定外,还可以训诫、责令具结悔过、收缴进行非法活动的财物和非法所得,并可以依照法律规定处以罚款、拘留。"本案只有既要求被告承担民事责任,又让其承担行政责任,或者由法院同时进行民事制裁,侵权法的惩罚功能才能得到应有的落实,社会公众的义愤才能得到消解。

法律链接:

《中华人民共和国民法通则》第一百零六条第二款:公民、法人由于过错侵害国家的、集体的财产,侵害他人财产、人身的,应当承揽民事责任。

《中华人民共和国民法通则》第一百一十九条:侵害公民身体造成伤害的,应当赔偿医疗费、因误工减少的收入、残废者生活补助费等费用;造成死亡的,并应当支付丧葬费、死者生前扶养的人必要的生活费等费用。

《中华人民共和国民法通则》第一百三十一条:受害人对于损害的发生也有过错的,可以减轻侵害人的民事责任。

《中华人民共和国民法通则》第一百三十四条第三款:人民法院审理民事案件,除适用上述规定外,还可以予以训诫、责令具结悔过、收缴进行非法活动的财物和非法所得,并可以依照法律规定处以罚款、拘留。

国务院《医疗机构管理条例》第二十四条:任何单位或者个人,未取得《医疗机构执业许可证》,擅自开展医疗服务活动,这是非法行医行为。

《医疗事故处理条例》第六十一条:非法行医,造成患者人身损害,不属于医疗事故,触犯刑律的,依法追究刑事责任;有关赔偿,由受害人直接向人民法院提起诉讼。

《中华人民共和国执业医师法》第三十九条:未经批准擅自开办医疗机构行医或者非医师行医的,由县级以上人民政府卫生行政部门予以取缔,没收其违法所得及药品、器械、并处十万元以下的罚款;对医师吊销其执业证书;给患者造成损害的,依法承担赔偿责任;构成犯罪的,依法追究刑事责任。

《最高人民法院关于参照〈医疗事故处理条例〉审理医疗纠纷民事案件的通知》第一条:因医疗事故引起的医疗纠纷参照《医疗事故处理条例》的规定处理;因医疗事故以外的原因引起的其他医疗赔偿纠纷,适用《民法通则》的规定。

42.120 救援中发生意外,病人死亡责任谁负?

❋   ❋   ❋

案例:

2001 年上午,原告展某之妻梁某因故摔倒,头部受伤,遂向被告某县医院拨打了 120。在 120 救护人员接诊前,梁某已处于昏迷状态。当天下午约 15 时,接诊梁某的救护车在返回途中,与顺行的石某驾驶的拖拉机相撞,经交警部门认定为被告县医院方负责事故的全部责任。约15 时 30 分,在事故双方等待处理的过程中,被告屈某驾驶的农用四轮车又撞在停放的 120 救护车上,经交警部分认定为被告屈某负事故的主要责任。在第二次事故发生时,120车上没有医护人员。事故约于16时处理完毕。事故处理后,梁某被送往被告某县医院治疗,医院诊断为脑干出血,左耳后皮挫伤。住院后,共花去医疗费11456.8元,原告支付2000元,下余款项为被告县医院支付。梁某于2000年4月5日在被告县医院死亡。原告要求被告支付生活补助费、护理费2727.24元,死亡补偿费45154元,丧葬费800元,交通费1200元。在公安局所作的尸检中,因原告要求,未对内部进行尸检。

技术部门对死者死亡原因进行分析认为:死者原患主血栓后遗症十余年,脑干出血致人死亡的几率达百分之八十五以上,根据死者上车前即发生昏迷的情况,脑干出血致人死亡的几率达百分之八十五以上,根据死者上车前即发生昏迷的情况,脑干出血及多器官功能衰竭为死亡的主要原因,而两次交通事故不是死亡的主要原因。

法院经审理认为:1.在120救护车接诊前,死者本身即已发生某些病变。死者之子的陈述说明了死者在上120的救护车前即已昏迷,在法医部门的材料中,经分析得出了死者上车前的病变致人死亡的概率高达百分之八十五,是导致其死亡的主要原因。2.在120救护车接诊的过程中,发生了两次交通事故,双方均予认可,除了不可归责于双方当事人的不可抗力外,耽误治疗时间这一问题十分明显。在两次事故中,双方都不能准确地举证证明在哪一次事故中受到了什么损害,但两次不同程度的事故,对死者的病情是有影响的。故病人的死亡,县医院方有不可推卸的责任,但应是次要责任,法院最后判决被告县医院支付原告各项费用共计12440.79元。

专家解析:

本案应定为医疗服务合同纠纷,并依合同义务进行判决,由县医院承担事故的次要责任。理由如下：

1.双方间构成合同关系。病人方拨打120寻求医疗服务,120方应允并出车接病人就诊,双方合意性质明显。拨打电话为要约,120出车接诊为承诺,双方以行为方式缔结了事实上的合同关系。合同法第十条规定:当事人订立合同,有书面形式、口头形式和其他形式。对于"其他形式"是否包含行为方式,并没有相应的解释,但在此应作扩大解释。医院接诊后,并不就双方的权利和义务详加规定,双方的合同关系因事实过程而成立,不一定必依缔约方式,在此不同考虑当事人间的真实意思,而形成事实上的合同关系。

2.关于合同的内容。因为没有明确书面或口头的约定,此类合同内容的确定,必须考察双方的主观目的。病人拨打120,其目的是为获取有效的诊断和治疗,并享受有关服务;而院方除了承担一定公益性质的服务外,以提供医疗服务为手段获取利润是其主要的目的,故双方间的合同关系应是以伤员运输、诊断治疗及提供相应的护理、住宿等为主要内容。以上几个方面的内容从而使本案中的合同关系是一种混合合同,双方的权利义务关系应依据《合同法》分则中的运输、服务等内容并依诚信原则加以补充,后据社会的一般理念及伦理标准予以确定。此案纠纷发生在伤员运输阶段,在此阶段安全运送是院方的合同义务。所以,应最大限度地保证当事人的安全,这就要求车辆在行驶时负有更高谨慎注意义务,如不能急刹车、防止大的震动等。但在本案中,院方却因人为因素发生了两次交通事故,当然震、碰难免,处理事故所需的时间实际上亦延误了病人治疗,院方的违约行为明显。

3.本案应以合同违约理由下判。本案立案时间确定为道路交通事故损害赔偿,但法院应可以最后将此变更为合同纠纷。本案发生侵权责任和违约责任的竞合,当事人有权选择请求权。最高法院《关于印发〈民事案件案由的规定〉的通知》中指出,结案时可以法院查明的当事人间的实际存在的法律关系作为确定案由的依据。此案如果以侵权责任作为判决的理由,则原告负有举证责任,但很明显原告难以证明其病人死亡与两次事故间的因果关系,因为病人是非正常的健康人,在致其死亡的各种因素中,哪一个是在事故中造成的,原告方无法举证。如是则就应当驳回。但如依合同,则在有违约行为的前提下将举证责任分配给了院方,让院方积极地去寻找证据及有关的鉴定资料,只有院方提供了相应的证据,才能减轻或免除其责任。

4.院方的责任不宜过重。首先要依据技术部门的结论;其次是院方除了营利性外,还有一定的公益性,在恶劣的天气下接诊,应得到社会的理解和支持,过量的责任会损害公益事业的发展;最后由于天气原因致路面结冰,是事故发生的潜在影响因素。

43.救护车出车不及时是否应该担责?

案例:

2004年10月30日凌晨5点,家住离县医院1.3公里的杨某被妻子王某的呻吟声惊醒,急忙拨打120求救,120服务台问明地址后答复马上就到。可好长时间过去了，救护车一直没有来。杨某又两次拨打120求救，得到的答复都是"马上去"。从县医院开车到杨某家最多二三分钟，可转眼又过了十几分钟，救护车就是没有来。后杨某用出租车将病人送往医院，出租车到达医院时，120车还停在医院没有发动，此时，离杨某最初求救时已相隔近半个小时。杨某之妻到医院后，经诊断已经死亡。

医院接到求助电话后，即与患者之间建立了医疗服务合同关系，医院未在合理的时间内出车，属于违约行为，对其违约造成的后果应当承担赔偿责任。后经法院裁判，医院承担赔偿责任。

专家解析：

一、杨某与县医院之间的医疗服务合同关系已经成立。首先，从120机构的性质来看，根据国家医疗管理条例的规定，120属于公共利益，也属于公共卫生事业范畴。120是由政府设置的担负急救任务的公共事业机构，它不同于一般的医疗行为，医院只要一接到120电话，就产生了立即派车救护的法定义务，除非在战争或自然原因状态下无法施救。因此，在本案中，杨某几次拨打120电话，医院均没有拒绝施救，而且明确同意派车，并答复马上就到。县医院的承诺，在双方之间确立了医疗合同关系。

二、医院没有出车在主观上具有明显过错。作为患者，视120为生命热线，在拨打电话后，就会把求生的希望全部寄托给120，而医院更应当懂得生命的重要和救护的责任。但在本案中，医院多次接到求救电话，却在近半小时的时间里没有出车，无法起到紧急救护的作用，医院的过错是非常明显的。

三、医院没有出车与王某的死亡具有因果关系。不可否认,王某的死亡与其自身的疾病有直接关系,但是,如果 120 在接到求救后及时出车,按照夜间出车不超过 4 分钟的常规和路途行驶 3 分钟计算,王某最多在 7 分钟后即可得到急救,在此情况下,王某是极有可能获得生还的。而且,医院无法证明其即使及时出车,王某也会死亡这一事实,也就是说,医院不能排除其不出车的行为与王某死亡之间不存在因果关系。当然,王某的死亡是由多因造成的,医院只能承担与其过错相应的赔偿责任,至于赔偿的比例和具体份额,应由法官根据具体情况作出自由裁量。

44.对医疗纠纷达成的协议反悔再行起诉应如何处理?

案例:

2002 年 10 月 7 日,原告李某某之妻憨某某入住嵩县德亭乡卫生院分娩。8 时许,憨在剖腹产手术过程中死亡。事发后,原告将尸体运回,后又将尸体拉回医院,并要求索赔。被告认为无过错,拒绝赔偿,并要求原告申请尸检。经人说合,双方达成协议,协议主要内容为:憨某某于 2002 年 10 月 7 日凌晨因患过期妊娠、宫缩乏力、失血性休克,在我院抢救无效而死亡,院方念其家庭困难,给予解决肆仟元予以援助,另欠医院医疗费全免,从此双方不准以任何理由和借口寻衅闹事,拨弄是非。

原告及其他亲属对此协议未持异议。协议签订后,被告付给原告2000元,下欠2000元由医院给原告出具欠条。2002年10月,原告向本院起诉,认为被告在治疗过程中存在过错,并致憨某某死亡,同时认为,协议显失公平,要求撤销协议,由被告赔偿51060元。被告辩称,协议是双方自愿达成的协议认定被告并无过错,要求按协议履行。

嵩县法院经审理认为,协议系双方自愿签订,为有效协议。根据合同纠纷的举证规则,原告负有举证证明协议显失公平的责任。但原告并未提供有关证据,因此应维持双方所达协议。后经本院调解,双方自愿另行达成如下协议:一、2002年10月7日所达协议终止履行,原2000元欠条作废;二、被告一次性向原告补偿13000元。扣除已付2000元及拖欠药费1000元,被告再付原告10000元。

专家解析:

正确处理本案的关键是确定本案的案由。案由的不同决定着举证责任的分配,也直接决定着案件的处理后果。本案的案由之争,无非是医疗损害赔偿纠纷和合同撤销权之争。根据最高人民法院《关于民事诉讼证据若干规定》(以下简称《若干规定》)第四条第八项规定,因医疗行为引起的侵权纠纷,由医疗机构就医疗行为与损害结果之间不存在因果关系及不存在医疗过错承担举证责任,由此来看医疗损害赔偿纠纷主要由医疗机构承担举证责任即实行举证责任倒置。根据最高人民法院《若干规定》第五条规定,在合同纠纷案件中,主张合同关系成立并生效的一方当事人对合同订立和生效的事实承担举证责任;主张合同关系变更、解除、终止、撤销的一方当事人对引起合同关系变动的事实承担举证责任。由此来看,合同撤销权案件的责任是由主张一方承担,举证责任是正置。在本案受害人在医患双方达成协议前未经尸检,协议达成后,尸体已埋葬,受害人死亡的真实原因已无法确定,无论哪方举证都非常困难,因此对本案案由的确定,直接决定着案件的正确处理。

本案应定合同撤销权纠纷。理由是虽然原告按侵权之诉提起,但医患双方事后已达成处理协议,且协议是以被告无过错为基础的,如果原告要提起侵权之诉,必须解决协议问题,原告在起诉中也是以协议显失公平为前提,因此本案应定为合同撤销权之诉。案由即案件的性质,它的确定要根据双方争执的法律事实,要确定原告提起的侵权之诉,必须先撤销协议,否则被告即可以双方纠纷已达成协议进行抗辩。因而双方争执的焦点是协议的效力问题,由此来看,本案按合同撤销权处理,无疑是正确的。

45.在医疗侵权纠纷中,对原告要求返还医疗费的请求是否支持?

案例:

1997 年 5 月,甲因左侧股骨上段肿瘤久治不愈,住进乙骨科治疗。1997 年 6 月,乙为甲作肿瘤切除及左侧人工髋关节置换术,手术后伤口一直未愈合。甲于 1997 年 12 月出院。1998 年 7 月,甲因伤口长期不能愈合,住进丙处,经检查清创,于左髋部发现异物,取出后见异物为纱布块。之后甲于 1998 年 12 月出院。甲在乙住院期间共花医疗费229187.43 元,其个人支付 34695.84 元,其余费用由甲单位负担。在丙处医疗费20724.18元,甲自行负担1500元,其余费用仍由甲单位负担。甲另支付护理费4686元,交通费110元,并曾外购药品及营养品,做中医治疗。经鉴定:甲左髋关节的功能丧失40%,已经构成残疾,不能恢复到正常状态。甲在行左髋关节人工置换术后,手术伤口长期不愈,经检查发现有纱布存留,纱布对其术后恢复的影响,应考虑是造成残疾的主要原因。为此甲支付鉴定费1000元。

1998年9月,甲起诉至一审法院,请求判决乙返还医疗费229187.43元,赔偿出院后医药费104125.82元、将来医疗费40万元、营养8827.10元、护理费38160元、交通费110元、鉴定费1000元,给付伤残补助费及精神损失费100万元。

一审法院认为,乙为甲实施手术期间,未能认真履行操作规程,使异物留在甲伤口内,致伤口长期不愈,故乙应返还甲支付的医疗费并赔偿其在丙处治疗的合理费用。现甲已构成残疾,乙还应给付残疾者生活补助及定残后的护理费用。判决:一、乙退还甲医疗费34695.84元。赔偿甲支付丙的医疗费1500元、护理费4686元、营养费1659元、交通费110元、鉴定费1000元、残疾者生活补助费25095.60元、定残后护理费用69710元,共计赔偿103760.60元。二、驳回甲其他诉讼请求。判决后,甲不服上诉,要求乙返还其全部医疗费229187.43元,支付今后继续治疗的费用及精神损失费,并按每日60元标准赔偿其护理费。乙同意原判。

二审法院认为,乙作为实施手术的医院,未认真履行操作规程,使异物存留病人体内,系其过错,对此应承担责任。一审法院判决乙退还甲已支付的医疗费是正确的。甲主张乙返还其单位支付的费用及重新确定护理费数额及精神损失费的赔偿,无法律依据,不予支持。其要求给付继续治疗费,因未实际发生,故本案不予处理。判决:驳回上诉,维持原判。

专家解析：

在本案中，乙应承担赔偿责任是没有疑问的，争议问题之一是甲能否要求乙退还医疗费。医院与患者之间的治疗关系是一种契约关系，在此种关系中，患者支付一定的医疗费用，医院为患者完成一定的治疗行为，如手术等。甲到乙处治病，形成了医疗合同关系，甲支付医疗费用是基于此医疗合同，同时作为合同相对方的乙，应为甲提供相应的医疗劳务。但甲在为乙做手术过程中将纱布残留于甲体内，致甲受损害，此种行为，在法律上形成了两种责任：一方面，乙未按双方医疗合同的约定为甲提供符合要求的治疗劳务，构成违约，应承担违约责任；另一方面，乙因过失将纱布残留于甲体内，致甲身体受损害致残，构成侵权，应承担侵权责任。这就是《民法》上通常所说的违约与侵权相竞合。对此，甲可以任选其一而为诉讼，但不能既主张侵权，又主张违约，因为乙实际上是做了一个行为（将纱布残留于甲体内），产生的是一种结果（致甲身体伤残），只是由于侵权法和合同法相关规定的重叠，在法律上可以被认识为是两种行为，在事实上仍是一个行为，只是甲可以依据侵权法或《合同法》向乙请求赔偿。此案中，从甲所提出的诉讼请求来看，并不能看出其到底是要求乙承担侵权责任还是违约责任，我国审判实践中，一般是依据侵权法来审理的。这样甲要求乙退还医疗费就不应支持，因为此部分医疗费的给付是基于甲乙间的医疗合同，并非乙之侵权行为给甲造成的损害，即使没有乙的侵权行为，此部分医疗费甲亦应给付，所以甲支付此部分医疗费与乙的侵权行为没有因果关系，故不得要求返还。值得考虑的是，甲给付乙的医疗费中，因乙的侵权行为致使甲手术后在恢复期之外仍继续住院休养所多付出的部分属于乙给甲造成的损失,甲可以请求乙赔偿。

此案中还有一个问题,一、二审法院均认为对于甲单位为甲支付的医疗费,甲不得向乙主张求偿,也值得探讨。其实,甲因伤口长期不愈进行治疗的花费,应属于乙的侵权行为所致损害,甲当然有权向乙求偿,在此部分医疗费为甲单位负担之情况下,不能认为因此就免除了乙的侵权责任,因为甲单位并无替乙负担赔偿的意思表示;也不能认为甲向乙的求偿此部分医疗费的权利因此而转由甲单位来行使。另外,在我国,国营单位的职工享有公费医疗等待遇,因其工资相对较低,因此甲单位为甲负担医疗费,这种待遇是甲作为国营单位的职工所应享有的待遇,是以其为单位提供的劳务为代价的,不应认为甲受损害后得到公费负担的医疗费是一种纯收益而折抵其损失,而且相对于财产而言,人身具有不可估量的价值,任何赔偿都不能认为是人身损害的具体量化,也不能予以折抵,这正是人身损害赔偿与财产损害赔偿的区别之处。

综上所述,甲要求返还其给付乙的医疗费不应支持,乙应负担的赔偿范围还应包括甲单位支付的甲在丙处的医疗费和甲给付乙的医疗费中在甲手术后恢复期之外仍继续住院休养所付出的部分。

46.患者服药出现不良反应厂家应否担责?

案例:

1999 年 12 月 11 日,张某因肩关节疼痛,前往万某(退休后从事个体医生)所开的诊所治疗。在治疗过程中张某称其有蛔虫,万某即在处方中为其开出了由某制药厂生产的批号为990323每片25mg的左旋咪唑12片,医嘱分两晚服完。张某服该药后,于同月24日开始出现行走不稳、头昏、意识不清等症状。经某某市某医院诊断张某为左旋咪唑所致脱髓鞘性脑病(炎)并住院治疗。针对性治疗后,张某病情明显好转,于2000年3月16日出院。出院时张某基本能站立、行走、大小便自控,但智能出现障碍,计算能力、记忆力、双眼视力等明显下降。之后,张某继续门诊治疗。2003年3月28日,经温州某医学院附属医院医学鉴定,张某所患"脑病"系由左旋咪唑引起的变应性脱髓鞘性脑病(炎)临床诊断成立,两者之间存在因果关系;张某为治疗此病共花去合理医药费计人民币58719.40元,综合评定为伤残四级。为此,张某认为,其患药物变态反应性脱髓鞘性脑病(以下称"脑病"),与服用某制药厂生产的左旋咪唑药物有关,诉至法院,要求某制药厂赔偿其各项损失计人民币380380.98元。

法院经审理认为,依据药理学记载,药物不良反应的含义是指"合格药品在正常用法用量下出现的与用药目的无关的或意外的有害反应"。它包含三个要素:一是药品必须合格。假冒伪劣药品及其他不合格药品的人身损害不能认定为"不良反应"。二是用药必须严格符合药品明示的规定,或遵守医师的正确医嘱。不正常、不合理的用药不在此列。三是发生了有害反应,且这种有害反应是与治疗目的无关的或者是出乎事先预料的。张某服用某制药厂生产的左旋咪唑药物后患"脑病",经法医学鉴定该药物与所患"脑病"之间存在因果关系,同时又满足以上三个要素,因此可以认定是左旋咪唑药物不良反应所造成的后果。据此，法院根据《中华人民共和国民法通则》第四条、第一百三十二条之规定，判决某制药厂补偿张某30%的损失计人民币114114.29元。宣判后，双方当事人均未上诉。

专家解析：

药品不良反应几乎和药品发明史一样久长，身体健康的轻微症状者一般没有什么反应；较重者则出现某些病态反应，健康受损；极其严重者可危及生命。受科技发展水平限制，人类尚没有能力研制出对所有人有效而无害（药品不良反应）的药品。作为患者，当其生命、健康受到危害，在市场上又找不到有利无害之替代药品时，患者除了忍受（药品不良反应）别无选择。

药品市场对于患者而言是有风险的，可能有效又有害，但万幸的是利大于害。而对医药研制、生产、销售方以及医院而言，则利润滚滚，毫无风险，药物不良反应几乎无损于他们的利益反而还会带来好处。除了同类竞争压力外，别无忧虑。由于我国目前尚未建立药害补偿制度，遇上严重的药物不良反应是不幸的，让"不幸者"独担损害的责任显失公平。

在本案中，张某作为患者按医嘱服药，万某在自己的职责范围内按规定为张某开具处方，其主观目的是要解除患者的病痛，某药厂按规定生产、销售合格的产品，三方均无过错，都不应承担过错责任。但在目前我国尚未建立药害补偿制度，张某得不到有关部门药害补偿的情况下，如此巨大的损失由没有过错的张某一人完全承担是极不合理的，明显违背了我国《民法通则》第四条规定的公平原则。因此张某所受的严重药物不良反应的损失应由药品市场的盈利者来分担。

我国《民法通则》第一百三十二条规定：当事人对造成损害都没有过错的,可以根据实际情况,由当事人承担。实际情况是:张某原为某县化肥厂的领导干部、工程师,月固定收入近千元,患"脑病"后已无收入来源,除用去巨额医疗费外,还造成4级伤残,生活不能完全自理。其家上有年近七旬的两位老人,下有尚在求学的子女,全家的生活全靠其才妻下岗后的困难补助维持,生活极其困难;万某为退休医师,靠退休金生活,其在开给张某12片左旋咪唑的行为中总收入只有几毛钱,获利甚微;某制药厂系批量生产左旋咪唑的制药企业,仅990323一个批号生产的左旋咪唑就有800万粒,其作为生产企业在大批量生产药品中能取得较多的利润,抵抗风险的能力明显大于张某。因此根据我国《民法通则》第一百三十二条规定,某制药厂应承担相应的补偿责任。万某退休后从事个体医生,年岁已高,因此获利也甚微,可以不承担责任。张某作为极个别易感素质者,其内因是其致病的重要原因,应承担大部分责任。

47.术前原有伤残术后加重法院如何裁判?

案例:

秦某某因"右下肢短缩、跛行44年,伴行走疼痛2年"于2010年4月13日入住某医院,入院诊断:1.下肢严重缩短;2.髋关节脱位;3.左膝关节骨性关节炎。2010年4月27日某医院为秦某某行左膝关节表面置换术、右髋关节置换＋右侧自体腓骨植骨术,术中损伤右侧股动静脉,又为秦某某行右侧股动脉破裂吻合术,术后第二日查体:右下肢远端血管动脉搏动较弱,有感觉,趾端轻微活动。2010年5月20日查体:左下肢末梢血循环及感觉正常,右下肢末梢血循环良好,感染仍麻木,右侧股四头肌及胫前肌群肌力恢复2级,足趾不能活动。右髋关节置换术及右侧腹股沟区切口红肿明显好转,分泌物不明显。2010年5月24日秦某某出院。出院诊断:1.下肢严重短缩;2.右髋关节脱位;3.左膝关节骨性关节炎。秦某某在其他医院检查,神经肌电图提示:所查右股内侧肌、胫前肌、腓骨长肌、趾长伸肌、左胫前肌及双腓肠肌均示神经功能可;右踇长神经伸肌神经有异常肌电图表现,2013年8月19日再查肌电诱发电位检查, 提示:1. 所测右下肢感觉传导及腓总神经运动传导未引出波;2.所测右下肢胫神经运动传导速度减慢;3.所测右下肢胫神经感觉传导速度正常;4.所测双下肢H反射传导速度减慢。

最终,经过法院裁决,残疾等级按增加一级进行计算,判令某医院承担赔偿153515元。

专家解析:

对于术前本已存在残疾的患者, 如果要求医院按术后患者的伤残等级进行全额赔偿,则有失公允,根据《侵权责任法》的规定,医院应对自己造成的侵权后果承担赔偿责任, 对并非医疗机构造成损害后果不承担赔偿责任。

具体到本案件中来, 秦某某术前的残疾评估右下肢短缩可以评定为八级伤残,右下肢功能障碍评定为九级伤残,但因为医方手术过错造成右下肢功能障碍评定为八级伤残,提高了一个等级的伤残,法院判定医方承担一个等级的伤残赔偿金,符合法律的规定。

48.养老服务合同履行过程中损害责任分担?

❀　　❀　　❀

案例:

2010 年 8 月 27 日,原告王某(乙方)与被告某敬老院(甲方)签订《某敬老院养老服务合同》,该合同约定原告王某生活为自理,每月缴纳床位费、生活照料费等 900 元。合同还约定了其他内容。后原告王某的管理费随着被告某敬老院的规定上调,王某按照自理老人的标准缴纳管理费。

2012 年 6 月 15 日,王某缴纳了 5 月 1 日至 7 月 31 日的生活管理费 5000 元。2012 年 7 月 8 日早晨,原告王某摔倒受伤,后被送往某市某某医院治疗。

关于原告王某摔倒的原因,王某称系某敬老院职员拖地时将王某带倒,某敬老院则称王某系自行摔倒,某敬老院职员闻某从窗户爬进房间后与其他人一起将王某抬到床上。

某敬老院的工作流程是早上先用暖壶打开水,再送饭,老人吃完早饭后再拖地打扫卫生。王某的某市某某医院入院记录上记载,病历陈述者:本人,现病史;该患者 4 小时前从床上跌落,左髋部着地,感右髋部疼痛,右下肢活动受限,被 999 急救中心送至我院。该陈述有王某当天的签字。

庭审中,原告王某承认意识清楚,生活可以自理,摔倒时未吃早饭。

2012 年，王某提起诉讼，要求判令被告某敬老院赔偿医疗费 18680.44 元、护理费 17556 元、交通费 1000 元，根据鉴定结果追加相关费用，诉讼费用由被告承担。

某某市某某区人民法院经过审理后认为，公民、法人的合法民事权益受法律保护，任何组织和个人不得侵犯。当事人对自己提出的诉讼请求所依据的事实或者反驳对方诉讼请求所依据的事实有责任提供证据加以证明。没有证据或证据不足以证明当事人的事实主张由负有举证责任的当事人承担不利后果。被告某敬老院的工作流程系老人吃完早饭后再拖地，这也符合一般的工作流程，而原告尚未吃早饭，所以被告敬老院的工作人员此时不可能去拖地，再根据原告在某市某某医院入院记录上的病史陈述，可以判决原告系自行从床上摔下导致受伤，原告属于生活自理型老人，原告王某受伤并非被告某敬老院服务不当造成，故对其赔偿医疗费、护理费、交通费等诉讼请求，法院不予支持，故驳回了原告王某的诉讼请求。

原告王某不服一审判决，提起上诉，二审法院经审理认为，王某作为生活能够自理型老人入住某敬老院接受生活照料服务，现王某称其房间内摔伤系某敬老院服务不当所致，但其未能就此提供有效证据，故对其上诉意见不予采纳。故判决上诉，维持原判，现该判决已发生法律效力。

专家解析：

（一）敬老院作为从事经营活动或其他社会活动的组织，未尽合理限度范围内的安全保障义务，致使他人遭受人身伤害，赔偿权利人请求其承担相应赔偿责任的，人民法院应予支持。但作为被服务者未能证明敬老院服务存在不当的，无权主张其自行摔伤造成的相应损失。

本案中，王某作为完全民事行为能力人，选择了自理型的服务级别，就其摔倒原因，王某称系某敬老院工作人员在拖地时将其带倒，但根据正常的工作流程，原告当日尚未吃早饭，所以被告敬老院的工作人员此时不可能去拖地。王某在未能提供证据证明敬老院服务不当的情形下，主张其在房间内自行摔伤的损失，没有法律依据。

（二）安全保障义务合理限度之标准

所谓安全保障义务的合理限度是指：一是要符合《民法》"诚实信用"等基本原则，达到一个诚信善良的经营者应当达到的注意程度，不允许经营者因故意或过失不履行或懈怠履行对消费者人身、财产的安全保障义务；二是要符合人们最基本的生活经验和交易习惯，达到同类经营者所应达到的通常注意程度。具体要符合以下两个条件：一是要有效。二是要协助。

本案中，法院认定王某的损失系在其自己房间内自行摔伤所造成，敬老院无法采取必要的措施防止或减轻王某从床上摔下造成的损失，王某亦未提供相应的证据证明敬老院的服务存在瑕疵，也就是说王某未能提供证据证明养老院在合理限度内没有尽到安全保障义务，因此法院驳回了王某的请求。

49.医学会的鉴定结论能否作为定案的证据？

案例：

2002 年 6 月 3 日上午，曹某某陪妻子王某某到湖口县医院妇产科住院待产,当晚 20:30 王某某自然分娩一男婴。21 时王某某胸闷、心悸,阴道出血不止,经抢救无效于 22:10 死亡。医院在"死亡报告单"的"死因及讨论结果"中写有①产后大出血;②失血性休克。当晚约 11 时,医院派车将王某某尸体送往武山镇五里村。同年 10 月 18 日死者王某某的丈夫曹某某、女儿曹甲,儿子曹乙、母亲沈某某、父亲王某作为原告诉至某某县人民法院,请求判令由某某县医院依法承担王某某死亡的一切法律责任,并赔偿医疗费、丧葬费、抚养费、精神抚慰金等合计人民币 83321.84 元。

某某县医院应诉后,向法院提出对王某某医疗事件申请医学鉴定。九江医学会组织抽取专家,于 2003 年 1 月 15 日对事故进行鉴定。鉴定结论为:医院病历书写尚欠规范,入院时未及时定血型,催产素点滴无专人监护,记录不全,但产妇死亡与医疗行为无直接因果关系,故本医疗事故争议案不构成医疗事故。曹某某收到九江医学会的鉴定后,表示不服,申请某某县人民法院委托司法部司法鉴定中心对本事件进行鉴定。司法部司法鉴定中心受法院委托后,经审查认为:王某某产后大出血的原因是多方面的,死者到底是何原因引起大出血,没有尸检报告,该中心不能下结论,不同意书面复函。本案双方当事人的争议焦点主要有以下三点:1.医学会已作出不属于医疗事故的鉴定结论,湖口县医院是否还应承担相应的赔偿责任? 2.医疗机构举证不能应否承担相应的法律后果? 3.本案赔偿标准究竟是适用《中华人民共和国民法通则》还是参照《医疗事故处理条例》?

专家解析:

一、医学会的鉴定结论能否采信作为定案的证据

《医疗事故处理条例》第二条规定"本条所称医疗事故,是指医疗机构及其医务人员在医疗活动中,违反医疗卫生管理法律、行政法规、部门规章和诊疗护理规范常规、过失造成患者人身损害的事故",该规定确立了医疗事故的四个构成要件:即 1.损害要件;2.医疗行为的违法要件;3. 违法及过失的医疗行为与患者人身损害之间的因果关系要件;4.医疗行为的过失要件。本案王某某在产后因失血过多死亡,该医疗损害的产生,存在多个因素的介入。如未严格按照妇产科诊疗规范进行操作,入院时未及时定血型、催产素点滴无专人监护、不典型羊水栓致DIC(弥漫性血管内凝血)等,对多因素介入情况来客观判断医疗行为所起的作用,则是医疗行为侵权案件中因果关系认定的关键所在。医学会鉴定结论认定产妇死亡与医疗行为无直接因果关系,不构成医疗事故。但由于该鉴定结论是在王某某死后未进行尸检,仅凭双方主要是某某县医院提供的书面材料情况下作出的,因此不能从客观上认定医疗行为与王某某的死亡是否有因果关系。

《中华人民共和国民诉法》第六十三条规定,法院审理民事案件"证据必须查证属实,才能作为认定事实的根据","属实"包括形式、内容都真实。第六十四条规定"人民法院应当按照法定程序,全面、客观地审查核实证据",就医疗事故的鉴定结论来说,内容的真实应当是鉴定结论的内容必须有根有据。王某某产后大出血的原因是多方面的,死者到底是因何种原因引起大出血,没有尸检报告,故该鉴定不全面、客观,不能作为定案的依据。

二、医疗机构举证不能应承担相应的法律后果

对死因不明的医疗事件必须通过尸检来分清责任。尸检的意义在

于为医疗事故是否构成，也即医疗机构及其医务人员是否存在过错、医疗活动与死亡原因之间是否存在因果关系的判断提供证据。在患者死亡，医患双方当事人不能确定死因或者对死因有异议，应当由谁提出尸检，将承担什么责任？《医疗事故处理条例》第十八条规定"患者死亡，医患双方当事人不能确定死因或者对死因有异议的，应当在患者死亡后 48 小时内进行尸检；具备尸体冻存条件的，可以延长 7 日。尸体应当经死者近亲属同意并签字。拒绝或者拖延尸检，超过规定时间。影响对死因判定的，由拒绝或者拖延的一方承担责任"。发生医疗事故争议时，患者死亡原因难以确定或者医患双方对死亡原因有异议的，医疗机构和死者近亲属均可以提出尸检的要求。根据《民法通则》规定，尸体的处置权属于死者的近亲属，其他任何单位和个人无权处置。因此，必须经死者近亲属同意并签字后方可进行尸检，无论哪一方拒绝或者拖延尸检，影响对死因的正确判定，责任将由拒绝或拖延的一方承担。

最高人民法院《关于民事诉讼证据的若干规定》第四条第八款规定"因医疗行为引起的侵权诉讼，由医疗机构就医疗行为与损害结果不存在因果关系及不存在医疗过错承担举证责任"。即医疗侵权诉讼，实行举证责任倒置。由于某某县医院在王某某死亡后，未按规定让其家属对产妇死亡签字确认，又没有充分证据证明死者家属拒绝尸检，或拖延了尸检的时间，致使医疗纠纷发生后因为没有进行尸检，不能查明死亡原因，某某县医院对其医疗行为与产妇死亡之间不存在因果关系，不能提出有说服力的证据，由此应当承担相应的法律后果。死者家属对王某某的死亡未及时提出异议，造成证据灭失也有一定的过错，对此也应承担相应的法律责任。

三、本案赔偿标准应适用何种法律

审理民事案件正确适用法律的前提，是民事责任法律性质的准确界定和归责原则的正确确定，对于医疗损害赔偿纠纷案件处理中的法律适用问题是一个颇有争议的问题。最高人民法院《关于参照〈医疗事故处理条例〉审理医疗纠纷民事案件的通知》第一条规定："《医疗事故处理条例》施行后发生的医疗事故引起的医疗赔偿纠纷，诉到法院的，参照条例的有关规定办理；因医疗事故以外的原因引起的其他医疗赔偿纠纷，适用《民法通则》的规定。""因医疗事故以外的原因引起的其他医疗赔偿纠纷"是指非医疗行为引起的人身损害赔偿，如患者在医院就诊过程中与医生发生纠纷，医生将患者致伤引起的人身损害赔偿，或患者在医院就诊时被医院的悬挂物、搁置物致伤，以及非法行医赔偿纠纷等，而不是指医疗事件够不上医疗事故，又可以按医疗事故以外的原因进行赔偿。

本案王某某是在正规医院接受正规医务人员的医疗服务过程中，因产后大出血导致死亡，这一纠纷应属《医疗事故处理条例》调整的范围。因为"条例"所确定的赔偿原则属"限额"赔偿，它与一般民法侵权损害赔偿的"填补"赔偿原则有所不同，如果按此适用法律就会出现不是医疗事故的案件，其赔偿额还高于医疗事故赔偿这一现象。综上所述：1.医学会的鉴定结论经审查后认为在缺乏客观、科学的情况下可以不予采信。2.医疗机构举证不能，应当承担相应的法律责任。即使鉴定机关认定不属医疗事故，仍可以根据公平原则，适用"条例"的赔偿条款判决医疗机构给予患者适当的赔偿。3.医疗纠纷引起的医疗赔偿诉至法院的，只能参照"条例"的有关规定来办理，而不能适用《民法通则》的规定。

50.非医疗事故,患者能否得到赔偿?

❀　　❀　　❀

案例：

赵某因患阑尾炎入县医院治疗,术后 26 小时出现便血,其家人将其转入另一家医院治疗。赵某在该院进行剖腹探查术后出院,共支付医疗费 6847.09 元。后赵某与县医院为赔偿事宜发生纠纷,赵某诉至法院,要求县医院赔偿其医疗费、精神损失费等共计 16000 元。该案在审理过程中, 法院委托县医疗事故鉴定委员会及某市医疗争议技术鉴定委员会进行了鉴定,结论均为:医院对病人的诊断及处理过程无不当之处;术后便血原因不明,此纠纷不属医疗事故。

法院经公开审理认为, 县医院在案件审理过程中未能提供证据证实赵某术后下消化道出血是自身所致,根据最高人民法院《关于民事诉讼证据的若干规定》,因医疗行为引起的侵权诉讼,由医疗机构承担举证责任。但在案件审理过程中,虽经多次鉴定,均未能排除医院的手术行为与赵某术后下消化道出血之间无因果关系, 医院应承担举证不能的责任。因此,县医院应承担赵某因治疗手术后其下消化道出血所造成的损失。法院遂判决县医院赔偿赵某医疗费、输血费、护理费等各种费用共计 7582.09 元。赵某经再次治疗下消化道出血已痊愈,未造成自身的其他损失,其要求精神赔偿 5000 元理由不当,法院不予支持。一审判决后,县医院不服,提起上诉。二审审理过程中,据县医院的申请,二审法院委托省高级人民法院对赵某下消化道出血与县医院的手术行为之间是否存在因果进行了重新鉴定,结论基本同上两次鉴定。二审驳回上诉,维持原判。

专家解析:

（一）医疗事故是否是医疗差错赔偿的必要条件。国务院《医疗事故处理办法》第二条规定:"医疗事故,是指在诊疗护理工作中,因医务人员诊疗护理过失,直接造成病员死亡、残废、组织器官损伤导致功能障碍的"。所谓"医疗差错",是指医务人员在诊疗护理过程中因过失加重病人一般性痛苦或影响诊疗,但未造成病员死亡、残废、功能障碍,或及时纠正而未造成事故的。按照《医疗事故处理办法》的规定,医疗差错不属医疗事故。长时间以来,在审判实践中,病员及家属明知道医务人员有差错,并且对病人造成了损害,可经医疗事故鉴定委员会鉴定,却不是医疗事故,根据《医疗事故处理办法》的规定,不属医疗事故,便得不到赔偿。在 2000 年 10 月最高人民法院召开的全国民事审判工作会议上,对法院审理医疗纠纷引发的损害赔偿案件,提出了指导性意见:(1)要正确区分医疗事故责任与医疗过失损害赔偿责任的界限,包括严格审查有无侵权事实、损害后果及侵权人是否存在主观过错等,是否构成医疗事故不是认定医疗过失损害赔偿责任的必要条件。(2)医疗事故鉴定只能作为法院审查认定事实的证据,是否作为确定医疗单位承担赔偿的依据,应当经过法庭质证。所以,是否构成医疗事故不是认定医疗过错赔偿责任的必要条件。

（二）医疗差错赔偿的举证责任问题。我国现行的《民法通则》并没有明确把医疗行为侵权纳入特殊侵权民事责任的范围。随着医疗纠纷的增多，处于举证弱势地位的患者的权益因举证不能得不到保护的情况也越来越多。为此,《关于民事诉讼证据的若干规定》第四条第(八)项明确规定,因医疗行为引起的侵权诉讼,由医疗机构就医疗行为与损害结果之间不存在医疗过错承担举证责任。这是医疗赔偿纠纷案件举证责任的一大进步,它有力地维护了患者及其家属的利益,同时也促使广大医护人员及医疗机构增强工作责任心，避免医疗事故及其他医疗过错的发生。具体到本案,赵某阑尾手术后下消化道出血,赵主张是医院手术所致,医院对此否认。根据上述规定,应由医院对其手术行为与赵术后下消化道出血之间是否存在因果关系以及其手术过程中是否具有过错承担证明责任。但某县和某市医疗事故技术鉴定委员会及省高级人民法院多次鉴定,均未能排除赵术后下消化道出血与医院手术行为之间的因果关系，即医院不能证明上述两者之间不存在医疗过错因果关系。且在赵某下消化道出血原因不明的情况下,亦不能确定医院在手术过程中不存在过错。因此,医院应承担本案的侵权赔偿责任。

51.学校与医院的诊治行为是否侵犯了患者的名誉权?

❈   ❈   ❈

案例:

原告陈某大学毕业后分配到被告某中学任体育教师。任教期间,陈某行为奇异、言语夸张,与同事、领导格格不入。在教学上不顾学校反对,自行其是,常体罚学生,与学生及家长常发生冲突。1998年4月9日下午,陈某因故与社会青年发生冲突,事发后离校不归。1998年5月4日,当地派出所在陈回校后,即对其进行了传唤。因校方及派出所对其精神是否正常表示怀疑,加上此前陈某父亲曾流露过希望派出所能协助其家人将其儿子约束到医院去检查。

为此,1998年5月4日,当地派出所会同学校将陈某送到被告某医院进行检查治疗。某医院即以"精神分裂症"对其进行治疗。期间,陈某及其家人均提出过要求为陈某办理出院手续。但终因在落实陈某出院之后的监护措施上有分歧而推迟了陈某的出院。为此,陈某于2000年7月21日委托律师向法院提起诉讼,要求某中学、某医院立即停止侵害,在有关报刊上公开赔礼道歉、消除影响、恢复名誉。

一审审理期间,经陈某申请,省精神疾病司法鉴定委员会对其是否患有精神性疾病进行司法鉴定。该鉴定委员会鉴定结论认为:陈某患有"早期精神分裂症"。2001年3月12日,某医院向某中学出具诊断证明1份,诊断为:1.精神分裂症;2.人格障碍。经使用抗精神病药物治疗后,目前病情趋于稳定,可建议出院,继续维持治疗。后经一审法院协调,陈某于2001年4月16日出院。陈某出院后,对鉴定委员会的上述鉴定不服,申请复议。该鉴定委员会于2002年4月16日重新作出司法鉴定结论和建议:1.结论为:被鉴定人陈某诊断为分裂样人格障碍(一种非精神病性轻性精神障碍)。2.建议:请专科医生对其进行门诊心理治疗,不宜长期留住关闭性精神科关闭病房。

庭审中,陈某变更诉讼请求,要求本案被告在有关报刊上公开向其赔礼道歉、消除影响、恢复名誉;连带赔偿精神损害赔偿金150000元;某中学补发工资奖金等32189.2元;某中学停止持续性的侵权。

本案争议焦点是某中学的送治行为及某医院的接受、诊治行为是否侵犯了陈某的名誉权。

专家解析:

名誉权是指对公民的才能、素质、品德等的评价,是公民得到社会承认和尊重的标志,是法律赋予公民的基本人身权利。《民法通则》第一百零一条规定:"公民、法人享有名誉权,公民的人格尊严受法律保护,禁止用侮辱、诽谤等方式损害公民、法人的名誉。"最高人民法院《关于贯彻执行〈中华人民共和国民法通则〉若干问题的意见(试行)》第一百四十条规定:"以书面、口头等形式宣扬他人的隐私,或者捏造事实公然丑化他人人格,以及用侮辱、诽谤等方式损害他人名誉,造成一定影响的,应当认定为侵害公民名誉权的行为。"根据上述规定,人民法院在审理侵害公民名誉权纠纷案件,确认当事人的行为是否侵权时,应当从以下几个方面加以认定:1.行为人确有损害他人名誉的事实,即以书面、口头等形式宣扬他人隐私,或者捏造事实公然丑化他人人格,以及用侮辱、诽谤等方式损害他人名誉;2.主观上有过错,包括故意和过失;3.行为违法;4.损害行为与后果之间有因果关系。凡是具备了以上条件的,应当认定为侵害他人名誉权的行为,侵权人应当承担相应的民事责任;凡是不具备以上条件的,则不能认定为侵害他人名誉权的行为。就本案来看,本案被告某中学基于维护学校正常管理秩序和保护员工、学生人身安全的需要, 同时在陈某父亲此前也有送陈某去医院检查意愿的前提下,会同公安部门将陈某送医院检查、治疗,其主观上并无过错,客观上其行为亦不存在违法性，且送治行为本身并不会造成对陈某社会评价的降低，故某中学的送治行为不符合侵犯名誉权的构成要件。本案被告某医院收治陈某是其履行职责的行为，行为本身具有合法正当性。同时，由于精神病是一种疑难病症，对精神疾病的诊断具有一定的技术复杂性，往往会由于精神科医生学术观点的分歧以及临床经验的差异而诊断不同，某医院的诊断结论与省精神疾病司法鉴定委员会第二次的鉴定结论不同，只能说是在医疗学术观点和技术水平上存在差异，并且省精神疾病司法鉴定委员会自身两次作的鉴定结论前后不同，进一步说明了此病确诊的疑难性。故不能只根据第二次鉴定结论就片面认定某医院诊断错误，从而推断其主观上有过错。且本案中某医院客观上也没有擅自公开患者的病情。故某医院并不构成对陈某名誉权的侵害。

综上所述，本案两被告均没有构成对陈某名誉权的侵害。

52.医疗服务合同是否可以对可得利益损失要求赔偿？

❀　　❀　　❀

案例：

2003 年 8 月 22 日某某县城东劳务公司接受南亚塑胶工业（南通）有限公司委托在睢宁县招募工人 100 名。同年 9 月 3 日，劳务公司到康复医院联系体检事由。次日，南亚公司派人随同劳务公司带领招聘的25 名工人至康复医院进行体检，康复医院向劳务公司开具了收到体检费1000元的收据。当日,康复医院出具的25人体检合格的报告由南亚公司人员带走。同年9月9日,南亚公司厂医审核发现体检报告中缺少两对半及肝功能体检项目,即告知城东劳务公司。后劳务公司将康复医院出具的肝功能及两对半体检报告传真给南亚公司。南亚公司发现传真的检验报告中的肝功能数据与9月4日带回的不符,故对25名工人重新体检。经南通城东医院检查,发现其中3人患有乙肝,其中2人ALT(转氨酶)升高,遂对此5人不予录用。劳务公司为此支出复检费1097.4元。2003年11月5日南亚公司出具了《关于某某县城东劳务所招工一事的说明》,载明"由于此次在体检中出现疑问,故对城东劳务所的资质产生质疑,现本公司不再与其合作。"城东劳务公司遂诉讼至某某县人民法院,请求康复医院赔偿复检费、名誉损失费、间接损失等31700.40元。

一审法院认为:劳务公司与康复医院之间的检验合同合法有效。双方应依照约定全面适当履行自己的义务。但康复医院出具的肝功能化验单中数据前后不一致,导致南亚公司责令劳务公司招募的工人重新体检,并取消了剩余75名工人的招工约定。康复医院应承担违约责任,并应对城东劳务公司可得利益予以赔偿。城东劳务公司要求康复医院赔偿不合格人员退费,因该笔款项系城东劳务公司代支部分,不应计入损失。城东劳务公司要求赔偿其名誉损失费5000元,因未提供法律依据,故对此请求不予支持。城东劳务公司要求赔偿间接损失21980元,除可得利益予以支持外其余部分无法律依据不予支持。遂判决:某某县康复医院赔偿睢宁县城东劳务公司复检费1097.40元、住宿费120元、复检交通费53元、不合格人员往返车费480元、招工75人的可得利益损失 5367.75 元,合计 7118.15 元,于本判决生效后 10 日内一次付清。

二审法院经审理后认为:城东劳务公司与康复医院之间形成的医疗服务合同是双方当事人的真实意思表示,该合同合法有效,康复医院在履行义务时违背了诚实信用原则,为 3 名已查出系乙肝患者的工人也出具了体检合格的报告,是违约行为。由于康复医院的瑕疵履约行为导致用工单位对劳务公司的信誉产生质疑,解除余下合作,使劳务公司失去了输送 75 名工人并从中获取利润的机会。城东医院作为一家职业医院,其预见能力不同于一般人,应当能够预见到如果不认真负责地进行体检,将身体不健康的工人输送出去会对劳务公司的诚信度产生合理怀疑而不再与之合作。遂依法作出判决:驳回上诉,维持原判。

专家解析:

一、可得利益损失及其赔偿的构成要件

根据我国《合同法》第一百一十三条之规定,可得利益是指合同履行以后可以获得的利润。可得利益必须是纯利润,而不包括为取得这些利益所支付的费用和必须缴纳的税收。可得利益损失是指受害人因违约而遭受的上述预期纯利润的损失。如服务合同中被服务方违约造成服务方预期利润损失。可得利益损失的赔偿要件。因我国《合同法》规定的主要是严格责任制,故违约损害赔偿要件包括:违约行为、损害事实、违约行为与损害事实间有因果关系。只要具备上述三要件,违约方即承担违约的损害赔偿责任,而不问其主观过错。可得利益损失赔偿属于违约损害赔偿的一部分当然也要具备上述三要件。

二、可得利益损失赔偿范围

违约损害赔偿制度根本目的是保护债权人利益,但同时还应顾及

鼓励交易、提高效率等社会利益,故可得利益损失赔偿应限制在合理范围内。一般而言,可得利益损失赔偿受以下几个方面限制:

(一)可预见性规则。即违约方仅对其在订约时能够预见到的损失赔偿责任。预见的主体为违约方,预见的时间为订约时。预见的内容为损失的数额,对超出预见范围的损失,违约方不负赔偿责任。判断合理预见的标准,因违约方应当具备的预见能力采取不同的预见标准。当违约方具有社会一般人的预见能力时,采取合理的标准;当违约方具有特殊预见能力时,采取违约方特殊标准。影响违约方预见能力的因素通常包括:违约方的身份、受害方的身份、合同的对价、受害方对特殊信息的披露等。

(二)减轻损害规则。即受害人不得就其本可采取合理措施予以避免的损失获得赔偿。适应该规则应具备三个条件:1.受害人具备采取适当措施防止损失扩大的客观条件;2.受害人具备该主观条件;3.受害人客观上未采取适当措施防止损失扩大。

(三)损益相抵规则。即赔偿权利人基于损害发生的同一原因获利时,应将所受利益从所受损害中予以扣除。

三、结合本案浅谈实践中对可得利益损失赔偿的理解

本案劳务公司与康复医院之间形成有效的医疗合同。康复医院违反诚实信用原则出具虚假体检报告,构成违约。虽然康复医院与劳务公司之间仅就25名工人形成事实上的医疗服务合同关系,但劳务公司的先期招募行为是2003年8月22日南亚公司委托劳务公司招募工人中的一部分,即南亚公司与劳务公司之间的委托合同具有完整性。康复医院作为一家职业医院,其知悉劳务公司的经营性质以诚信为本,并且熟

知劳务公司招工体检的目的是为了劳务输出,其非社会一般人,应具备高于社会一般人的预见能力,完全能够预见瑕疵履行合同给劳务公司造成的损害后果。综上所述,康复医院违约与南亚公司解除和劳务公司之间的委托合同存在因果关系,而且劳务公司因南亚公司解除75名工人的合作所遭受的利润损失数额在其合理预见的范围内且数额确定。因此康复医院应当承担可得利益损失赔偿责任。

附录：

医疗事故处理条例

（2002 年 2 月 20 日国务院第 55 次常务会议通过，2002 年 4 月 4 日中华人民共和国国务院令第 351 号公布，自 2002 年 9 月 1 日起施行）

第一章 总 则

第一条 为了正确处理医疗事故，保护患者和医疗机构及其医务人员的合法权益，维护医疗秩序，保障医疗安全，促进医学科学的发展，制定本条例。

第二条 本条例所称医疗事故，是指医疗机构及其医务人员在医疗活动中，违反医疗卫生管理法律、行政法规、部门规章和诊疗护理规范、常规，过失造成患者人身损害的事故。

第三条 处理医疗事故，应当遵循公开、公平、公正、及时、便民的原则，坚持实事求是的科学态度，做到事实清楚、定性准确、责任明确、处理恰当。

第四条 根据对患者人身造成的损害程度，医疗事故分为四级：

一级医疗事故：造成患者死亡、重度残疾的；

二级医疗事故:造成患者中度残疾、器官组织损伤导致严重功能障碍的;

三级医疗事故:造成患者轻度残疾、器官组织损伤导致一般功能障碍的;

四级医疗事故:造成患者明显人身损害的其他后果的。

具体分级标准由国务院卫生行政部门制定。

第二章　医疗事故的预防与处置

第五条　医疗机构及其医务人员在医疗活动中,必须严格遵守医疗卫生管理法律、行政法规、部门规章和诊疗护理规范、常规,恪守医疗服务职业道德。

第六条　医疗机构应当对其医务人员进行医疗卫生管理法律、行政法规、部门规章和诊疗护理规范、常规的培训和医疗服务职业道德教育。

第七条　医疗机构应当设置医疗服务质量监控部门或者配备专(兼)职人员,具体负责监督本医疗机构的医务人员的医疗服务工作,检查医务人员执业情况,接受患者对医疗服务的投诉,向其提供咨询服务。

第八条　医疗机构应当按照国务院卫生行政部门规定的要求,书写并妥善保管病历资料。

因抢救急危患者,未能及时书写病历的,有关医务人员应当在抢救结束后 6 小时内据实补记,并加以注明。

第九条 严禁涂改、伪造、隐匿、销毁或者抢夺病历资料。

第十条 患者有权复印或者复制其门诊病历、住院志、体温单、医嘱单、化验单(检验报告)、医学影像检查资料、特殊检查同意书、手术同意书、手术及麻醉记录单、病理资料、护理记录以及国务院卫生行政部门规定的其他病历资料。

患者依照前款规定要求复印或者复制病历资料的,医疗机构应当提供复印或者复制服务并在复印或者复制的病历资料上加盖证明印记。复印或者复制病历资料时,应当有患者在场。

医疗机构应患者的要求,为其复印或者复制病历资料,可以按照规定收取工本费。具体收费标准由省、自治区、直辖市人民政府价格主管部门会同同级卫生行政部门规定。

第十一条 在医疗活动中,医疗机构及其医务人员应当将患者的病情、医疗措施、医疗风险等如实告知患者,及时解答其咨询;但是,应当避免对患者产生不利后果。

第十二条 医疗机构应当制定防范、处理医疗事故的预案,预防医疗事故的发生,减轻医疗事故的损害。

第十三条 医务人员在医疗活动中发生或者发现医疗事故、可能引起医疗事故的医疗过失行为或者发生医疗事故争议的,应当立即向所在科室负责人报告,科室负责人应当及时向本医疗机构负责医疗服务质量监控的部门或者专(兼)职人员报告;负责医疗服务质量监控的部门或者专(兼)职人员接到报告后,应当立即进行调查、核实,将有关情况如实向本医疗机构的负责人报告,并向患者通报、解释。

第十四条 发生医疗事故的,医疗机构应当按照规定向所在地卫生行政部门报告。

发生下列重大医疗过失行为的,医疗机构应当在 12 小时内向所在地卫生行政部门报告:

(一)导致患者死亡或者可能为二级以上的医疗事故;

(二)导致 3 人以上人身损害后果;

(三)国务院卫生行政部门和省、自治区、直辖市人民政府卫生行政部门规定的其他情形。

第十五条 发生或者发现医疗过失行为,医疗机构及其医务人员应当立即采取有效措施,避免或者减轻对患者身体健康的损害,防止损害扩大。

第十六条 发生医疗事故争议时,死亡病例讨论记录、疑难病例讨论记录、上级医师查房记录、会诊意见、病程记录应当在医患双方在场的情况下封存和启封。封存的病历资料可以是复印件,由医疗机构保管。

第十七条 疑似输液、输血、注射、药物等引起不良后果的,医患双方应当共同对现场实物进行封存和启封,封存的现场实物由医疗机构保管;需要检验的,应当由双方共同指定的、依法具有检验资格的检验机构进行检验;双方无法共同指定时,由卫生行政部门指定。

疑似输血引起不良后果,需要对血液进行封存保留的,医疗机构应当通知提供该血液的采供血机构派员到场。

第十八条 患者死亡,医患双方当事人不能确定死因或者对死因有异议的,应当在患者死亡后 48 小时内进行尸检;具备尸体冻存条件的,可以延长至 7 日。尸检应当经死者近亲属同意并签字。

尸检应当由按照国家有关规定取得相应资格的机构和病理解剖专业技术人员进行。承担尸检任务的机构和病理解剖专业技术人员有进行尸检的义务。

医疗事故争议双方当事人可以请法医病理学人员参加尸检,也可以委派代表观察尸检过程。拒绝或者拖延尸检,超过规定时间,影响对死因判定的,由拒绝或者拖延的一方承担责任。

第十九条 患者在医疗机构内死亡的,尸体应当立即移放太平间。死者尸体存放时间一般不得超过 2 周。逾期不处理的尸体,经医疗机构所在地卫生行政部门批准,并报经同级公安部门备案后,由医疗机构按照规定进行处理。

第三章 医疗事故的技术鉴定

第二十条 卫生行政部门接到医疗机构关于重大医疗过失行为的报告或者医疗事故争议当事人要求处理医疗事故争议的申请后,对需要进行医疗事故技术鉴定的,应当交由负责医疗事故技术鉴定工作的医学会组织鉴定;医患双方协商解决医疗事故争议,需要进行医疗事故技术鉴定的,由双方当事人共同委托负责医疗事故技术鉴定工作的医学会组织鉴定。

第二十一条 设区的市级地方医学会和省、自治区、直辖市直接管辖的县(市)地方医学会负责组织首次医疗事故技术鉴定工作。省、自治区、直辖市地方医学会负责组织再次鉴定工作。

必要时,中华医学会可以组织疑难、复杂并在全国有重大影响的医疗事故争议的技术鉴定工作。

第二十二条 当事人对首次医疗事故技术鉴定结论不服的,可以自收到首次鉴定结论之日起 15 日内向医疗机构所在地卫生行政部门提出再次鉴定的申请。

第二十三条 负责组织医疗事故技术鉴定工作的医学会应当建立专家库。

专家库由具备下列条件的医疗卫生专业技术人员组成:

(一)有良好的业务素质和执业品德;

(二)受聘于医疗卫生机构或者医学教学、科研机构并担任相应专业高级技术职务 3 年以上。

符合前款第(一)项规定条件并具备高级技术任职资格的法医可以受聘进入专家库。

负责组织医疗事故技术鉴定工作的医学会依照本条例规定聘请医疗卫生专业技术人员和法医进入专家库,可以不受行政区域的限制。

第二十四条 医疗事故技术鉴定,由负责组织医疗事故技术鉴定工作的医学会组织专家鉴定组进行。

参加医疗事故技术鉴定的相关专业的专家,由医患双方在医学会主持下从专家库中随机抽取。在特殊情况下,医学会根据医疗事故技术鉴定工作的需要,可以组织医患双方在其他医学会建立的专家库中随机抽取相关专业的专家参加鉴定或者函件咨询。

符合本条例第二十三条规定条件的医疗卫生专业技术人员和法医有义务受聘进入专家库,并承担医疗事故技术鉴定工作。

第二十五条 专家鉴定组进行医疗事故技术鉴定,实行合议制。专家鉴定组人数为单数,涉及的主要学科的专家一般不得少于鉴定组成员的二分之一;涉及死因、伤残等级鉴定的,并应当从专家库中随机抽取法医参加专家鉴定组。

第二十六条 专家鉴定组成员有下列情形之一的,应当回避,当事人也可以以口头或者书面的方式申请其回避:

(一)是医疗事故争议当事人或者当事人的近亲属的;

(二)与医疗事故争议有利害关系的;

(三)与医疗事故争议当事人有其他关系,可能影响公正鉴定的。

第二十七条 专家鉴定组依照医疗卫生管理法律、行政法规、部门规章和诊疗护理规范、常规,运用医学科学原理和专业知识,独立进行医疗事故技术鉴定,对医疗事故进行鉴别和判定,为处理医疗事故争议提供医学依据。

任何单位或者个人不得干扰医疗事故技术鉴定工作,不得威胁、利诱、辱骂、殴打专家鉴定组成员。

专家鉴定组成员不得接受双方当事人的财物或者其他利益。

第二十八条 负责组织医疗事故技术鉴定工作的医学会应当自受理医疗事故技术鉴定之日起5日内通知医疗事故争议双方当事人提交进行医疗事故技术鉴定所需的材料。

当事人应当自收到医学会的通知之日起10日内提交有关医疗事

故技术鉴定的材料、书面陈述及答辩。医疗机构提交的有关医疗事故技术鉴定的材料应当包括下列内容：

（一）住院患者的病程记录、死亡病例讨论记录、疑难病例讨论记录、会诊意见、上级医师查房记录等病历资料原件；

（二）住院患者的住院志、体温单、医嘱单、化验单（检验报告）、医学影像检查资料、特殊检查同意书、手术同意书、手术及麻醉记录单、病理资料、护理记录等病历资料原件；

（三）抢救急危患者，在规定时间内补记的病历资料原件；

（四）封存保留的输液、注射用物品和血液、药物等实物，或者依法具有检验资格的检验机构对这些物品、实物作出的检验报告；

（五）与医疗事故技术鉴定有关的其他材料。

在医疗机构建有病历档案的门诊、急诊患者，其病历资料由医疗机构提供；没有在医疗机构建立病历档案的，由患者提供。

医患双方应当依照本条例的规定提交相关材料。医疗机构无正当理由未依照本条例的规定如实提供相关材料，导致医疗事故技术鉴定不能进行的，应当承担责任。

第二十九条 负责组织医疗事故技术鉴定工作的医学会应当自接到当事人提交的有关医疗事故技术鉴定的材料、书面陈述及答辩之日起45日内组织鉴定并出具医疗事故技术鉴定书。

负责组织医疗事故技术鉴定工作的医学会可以向双方当事人调查取证。

第三十条 专家鉴定组应当认真审查双方当事人提交的材料，听取双方当事人的陈述及答辩并进行核实。

双方当事人应当按照本条例的规定如实提交进行医疗事故技术鉴定所需要的材料,并积极配合调查。当事人任何一方不予配合,影响医疗事故技术鉴定的,由不予配合的一方承担责任。

第三十一条 专家鉴定组应当在事实清楚、证据确凿的基础上,综合分析患者的病情和个体差异,作出鉴定结论,并制作医疗事故技术鉴定书。鉴定结论以专家鉴定组成员的过半数通过。鉴定过程应当如实记载。

医疗事故技术鉴定书应当包括下列主要内容:

(一)双方当事人的基本情况及要求;

(二)当事人提交的材料和负责组织医疗事故技术鉴定工作的医学会的调查材料;

(三)对鉴定过程的说明;

(四)医疗行为是否违反医疗卫生管理法律、行政法规、部门规章和诊疗护理规范、常规;

(五)医疗过失行为与人身损害后果之间是否存在因果关系;

(六)医疗过失行为在医疗事故损害后果中的责任程度;

(七)医疗事故等级;

(八)对医疗事故患者的医疗护理医学建议。

第三十二条 医疗事故技术鉴定办法由国务院卫生行政部门制定。

第三十三条 有下列情形之一的,不属于医疗事故:

(一)在紧急情况下为抢救垂危患者生命而采取紧急医学措施造成

不良后果的;

（二）在医疗活动中由于患者病情异常或者患者体质特殊而发生医疗意外的;

（三）在现有医学科学技术条件下,发生无法预料或者不能防范的不良后果的;

（四）无过错输血感染造成不良后果的;

（五）因患方原因延误诊疗导致不良后果的;

（六）因不可抗力造成不良后果的。

第三十四条 医疗事故技术鉴定,可以收取鉴定费用。经鉴定,属于医疗事故的,鉴定费用由医疗机构支付;不属于医疗事故的,鉴定费用由提出医疗事故处理申请的一方支付。鉴定费用标准由省、自治区、直辖市人民政府价格主管部门会同同级财政部门、卫生行政部门规定。

第四章 医疗事故的行政处理与监督

第三十五条 卫生行政部门应当依照本条例和有关法律、行政法规、部门规章的规定,对发生医疗事故的医疗机构和医务人员作出行政处理。

第三十六条 卫生行政部门接到医疗机构关于重大医疗过失行为的报告后,除责令医疗机构及时采取必要的医疗救治措施,防止损害后果扩大外,应当组织调查,判定是否属于医疗事故;对不能判定是否属于医疗事故的, 应当依照本条例的有关规定交由负责医疗事故技术鉴定工作的医学会组织鉴定。

第三十七条 发生医疗事故争议，当事人申请卫生行政部门处理的，应当提出书面申请。申请书应当载明申请人的基本情况、有关事实、具体请求及理由等。

当事人自知道或者应当知道其身体健康受到损害之日起1年内，可以向卫生行政部门提出医疗事故争议处理申请。

第三十八条 发生医疗事故争议，当事人申请卫生行政部门处理的，由医疗机构所在地的县级人民政府卫生行政部门受理。医疗机构所在地是直辖市的，由医疗机构所在地的区、县人民政府卫生行政部门受理。

有下列情形之一的，县级人民政府卫生行政部门应当自接到医疗机构的报告或者当事人提出医疗事故争议处理申请之日起7日内移送上一级人民政府卫生行政部门处理：

（一）患者死亡；

（二）可能为二级以上的医疗事故；

（三）国务院卫生行政部门和省、自治区、直辖市人民政府卫生行政部门规定的其他情形。

第三十九条 卫生行政部门应当自收到医疗事故争议处理申请之日起10日内进行审查，作出是否受理的决定。对符合本条例规定，予以受理，需要进行医疗事故技术鉴定的，应当自作出受理决定之日起5日内将有关材料交由负责医疗事故技术鉴定工作的医学会组织鉴定并书面通知申请人；对不符合本条例规定，不予受理的，应当书面通知申请人并说明理由。

当事人对首次医疗事故技术鉴定结论有异议,申请再次鉴定的,卫生行政部门应当自收到申请之日起 7 日内交由省、自治区、直辖市地方医学会组织再次鉴定。

第四十条 当事人既向卫生行政部门提出医疗事故争议处理申请,又向人民法院提起诉讼的,卫生行政部门不予受理;卫生行政部门已经受理的,应当终止处理。

第四十一条 卫生行政部门收到负责组织医疗事故技术鉴定工作的医学会出具的医疗事故技术鉴定书后,应当对参加鉴定的人员资格和专业类别、鉴定程序进行审核;必要时,可以组织调查,听取医疗事故争议双方当事人的意见。

第四十二条 卫生行政部门经审核,对符合本条例规定作出的医疗事故技术鉴定结论,应当作为对发生医疗事故的医疗机构和医务人员作出行政处理以及进行医疗事故赔偿调解的依据;经审核,发现医疗事故技术鉴定不符合本条例规定的,应当要求重新鉴定。

第四十三条 医疗事故争议由双方当事人自行协商解决的,医疗机构应当自协商解决之日起 7 日内向所在地卫生行政部门作出书面报告,并附具协议书。

第四十四条 医疗事故争议经人民法院调解或者判决解决的,医疗机构应当自收到生效的人民法院的调解书或者判决书之日起 7 日内向所在地卫生行政部门作出书面报告,并附具调解书或者判决书。

第四十五条 县级以上地方人民政府卫生行政部门应当按照规定逐级将当地发生的医疗事故以及依法对发生医疗事故的医疗机构和医

务人员作出行政处理的情况,上报国务院卫生行政部门。

第五章 医疗事故的赔偿

第四十六条 发生医疗事故的赔偿等民事责任争议,医患双方可以协商解决;不愿意协商或者协商不成的,当事人可以向卫生行政部门提出调解申请,也可以直接向人民法院提起民事诉讼。

第四十七条 双方当事人协商解决医疗事故的赔偿等民事责任争议的,应当制作协议书。协议书应当载明双方当事人的基本情况和医疗事故的原因、双方当事人共同认定的医疗事故等级以及协商确定的赔偿数额等,并由双方当事人在协议书上签名。

第四十八条 已确定为医疗事故的,卫生行政部门应医疗事故争议双方当事人请求,可以进行医疗事故赔偿调解。调解时,应当遵循当事人双方自愿原则,并应当依据本条例的规定计算赔偿数额。

经调解,双方当事人就赔偿数额达成协议的,制作调解书,双方当事人应当履行;调解不成或者经调解达成协议后一方反悔的,卫生行政部门不再调解。

第四十九条 医疗事故赔偿,应当考虑下列因素,确定具体赔偿数额:

(一)医疗事故等级;

(二)医疗过失行为在医疗事故损害后果中的责任程度;

(三)医疗事故损害后果与患者原有疾病状况之间的关系。

不属于医疗事故的,医疗机构不承担赔偿责任。

第五十条 医疗事故赔偿,按照下列项目和标准计算:

(一)医疗费:按照医疗事故对患者造成的人身损害进行治疗所发生的医疗费用计算,凭据支付,但不包括原发病医疗费用。结案后确实需要继续治疗的,按照基本医疗费用支付。

(二)误工费:患者有固定收入的,按照本人因误工减少的固定收入计算,对收入高于医疗事故发生地上一年度职工年平均工资3倍以上的,按照3倍计算;无固定收入的,按照医疗事故发生地上一年度职工年平均工资计算。

(三)住院伙食补助费:按照医疗事故发生地国家机关一般工作人员的出差伙食补助标准计算。

(四)陪护费:患者住院期间需要专人陪护的,按照医疗事故发生地上一年度职工年平均工资计算。

(五)残疾生活补助费:根据伤残等级,按照医疗事故发生地居民年平均生活费计算,自定残之月起最长赔偿30年;但是,60周岁以上的,不超过15年;70周岁以上的,不超过5年。

(六)残疾用具费:因残疾需要配置补偿功能器具的,凭医疗机构证明,按照普及型器具的费用计算。

(七)丧葬费:按照医疗事故发生地规定的丧葬费补助标准计算。

(八)被扶养人生活费:以死者生前或者残疾者丧失劳动能力前实际扶养且没有劳动能力的人为限,按照其户籍所在地或者居所地居民最低生活保障标准计算。对不满16周岁的,扶养到16周岁。对年满16周岁但无劳动能力的,扶养20年;但是,60周岁以上的,不超过15年;

70周岁以上的,不超过5年。

(九)交通费:按照患者实际必需的交通费用计算,凭据支付。

(十)住宿费:按照医疗事故发生地国家机关一般工作人员的出差住宿补助标准计算,凭据支付。

(十一)精神损害抚慰金:按照医疗事故发生地居民年平均生活费计算。造成患者死亡的,赔偿年限最长不超过6年;造成患者残疾的,赔偿年限最长不超过3年。

第五十一条 参加医疗事故处理的患者近亲属所需交通费、误工费、住宿费,参照本条例第五十条的有关规定计算,计算费用的人数不超过2人。

医疗事故造成患者死亡的,参加丧葬活动的患者的配偶和直系亲属所需交通费、误工费、住宿费,参照本条例第五十条的有关规定计算,计算费用的人数不超过2人。

第五十二条 医疗事故赔偿费用,实行一次性结算,由承担医疗事故责任的医疗机构支付。

第六章 罚 则

第五十三条 卫生行政部门的工作人员在处理医疗事故过程中违反本条例的规定,利用职务上的便利收受他人财物或者其他利益,滥用职权,玩忽职守,或者发现违法行为不予查处,造成严重后果的,依照刑法关于受贿罪、滥用职权罪、玩忽职守罪或者其他有关罪的规定,依法追究刑事责任;尚不够刑事处罚的,依法给予降级或者撤职的行政处分。

第五十四条 卫生行政部门违反本条例的规定，有下列情形之一的，由上级卫生行政部门给予警告并责令限期改正；情节严重的，对负有责任的主管人员和其他直接责任人员依法给予行政处分：

（一）接到医疗机构关于重大医疗过失行为的报告后，未及时组织调查的；

（二）接到医疗事故争议处理申请后，未在规定时间内审查或者移送上一级人民政府卫生行政部门处理的；

（三）未将应当进行医疗事故技术鉴定的重大医疗过失行为或者医疗事故争议移交医学会组织鉴定的；

（四）未按照规定逐级将当地发生的医疗事故以及依法对发生医疗事故的医疗机构和医务人员的行政处理情况上报的；

（五）未依照本条例规定审核医疗事故技术鉴定书的。

第五十五条 医疗机构发生医疗事故的，由卫生行政部门根据医疗事故等级和情节，给予警告；情节严重的，责令限期停业整顿直至由原发证部门吊销执业许可证，对负有责任的医务人员依照刑法关于医疗事故罪的规定，依法追究刑事责任；尚不够刑事处罚的，依法给予行政处分或者纪律处分。

对发生医疗事故的有关医务人员，除依照前款处罚外，卫生行政部门并可以责令暂停6个月以上1年以下执业活动；情节严重的，吊销其执业证书。

第五十六条 医疗机构违反本条例的规定，有下列情形之一的，由

卫生行政部门责令改正;情节严重的,对负有责任的主管人员和其他直接责任人员依法给予行政处分或者纪律处分:

（一）未如实告知患者病情、医疗措施和医疗风险的;

（二）没有正当理由,拒绝为患者提供复印或者复制病历资料服务的;

（三）未按照国务院卫生行政部门规定的要求书写和妥善保管病历资料的;

（四）未在规定时间内补记抢救工作病历内容的;

（五）未按照本条例的规定封存、保管和启封病历资料和实物的;

（六）未设置医疗服务质量监控部门或者配备专（兼）职人员的;

（七）未制定有关医疗事故防范和处理预案的;

（八）未在规定时间内向卫生行政部门报告重大医疗过失行为的;

（九）未按照本条例的规定向卫生行政部门报告医疗事故的;

（十）未按照规定进行尸检和保存、处理尸体的。

第五十七条 参加医疗事故技术鉴定工作的人员违反本条例的规定,接受申请鉴定双方或者一方当事人的财物或者其他利益,出具虚假医疗事故技术鉴定书,造成严重后果的,依照刑法关于受贿罪的规定,依法追究刑事责任;尚不够刑事处罚的,由原发证部门吊销其执业证书或者资格证书。

第五十八条 医疗机构或者其他有关机构违反本条例的规定,有下列情形之一的,由卫生行政部门责令改正,给予警告;对负有责任的主管人员和其他直接责任人员依法给予行政处分或者纪律处分;情节严

重的,由原发证部门吊销其执业证书或者资格证书:

（一）承担尸检任务的机构没有正当理由,拒绝进行尸检的;

（二）涂改、伪造、隐匿、销毁病历资料的。

第五十九条 以医疗事故为由,寻衅滋事、抢夺病历资料,扰乱医疗机构正常医疗秩序和医疗事故技术鉴定工作,依照刑法关于扰乱社会秩序罪的规定,依法追究刑事责任;尚不够刑事处罚的,依法给予治安管理处罚。

第七章 附 则

第六十条 本条例所称医疗机构,是指依照《医疗机构管理条例》的规定取得《医疗机构执业许可证》的机构。

县级以上城市从事计划生育技术服务的机构依照《计划生育技术服务管理条例》的规定开展与计划生育有关的临床医疗服务,发生的计划生育技术服务事故,依照本条例的有关规定处理;但是,其中不属于医疗机构的县级以上城市从事计划生育技术服务的机构发生的计划生育技术服务事故,由计划生育行政部门行使依照本条例有关规定由卫生行政部门承担的受理、交由负责医疗事故技术鉴定工作的医学会组织鉴定和赔偿调解的职能;对发生计划生育技术服务事故的该机构及其有关责任人员,依法进行处理。

第六十一条 非法行医,造成患者人身损害,不属于医疗事故,触犯刑律的,依法追究刑事责任;有关赔偿,由受害人直接向人民法院提起诉讼。

第六十二条 军队医疗机构的医疗事故处理办法,由中国人民解放军卫生主管部门会同国务院卫生行政部门依据本条例制定。

第六十三条 本条例自 2002 年 9 月 1 日起施行。1987 年 6 月 29 日国务院发布的《医疗事故处理办法》同时废止。本条例施行前已经处理结案的医疗事故争议,不再重新处理。

最高人民法院关于审理人身损害赔偿案件适用法律若干问题的解释

（2003 年 12 月 4 日最高人民法院审判委员会第 1299 次会议通过,法释[2003]20 号,2003 年 12 月 26 日公布,自 2004 年 5 月 1 日起施行）

为正确审理人身损害赔偿案件,依法保护当事人的合法权益,根据《中华人民共和国民法通则》□以下简称民法通则、《中华人民共和国民事诉讼法》□以下简称民事诉讼法等有关法律规定,结合审判实践,就有关适用法律的问题作如下解释:

第一条 因生命、健康、身体遭受侵害,赔偿权利人起诉请求赔偿义务人赔偿财产损失和精神损害的,人民法院应予受理。

本条所称"赔偿权利人",是指因侵权行为或者其他致害原因直接遭受人身损害的受害人、依法由受害人承担扶养义务的被扶养人以及死亡受害人的近亲属。

本条所称"赔偿义务人",是指因自己或者他人的侵权行为以及其他致害原因依法应当承担民事责任的自然人、法人或者其他组织。

第二条 受害人对同一损害的发生或者扩大有故意、过失的,依照民法通则第一百三十一条的规定,可以减轻或者免除赔偿义务人的赔偿责任。但侵权人因故意或者重大过失致人损害,受害人只有一般过失的,不减轻赔偿义务人的赔偿责任。

适用民法通则第一百零六条第三款规定确定赔偿义务人的赔偿责任时,受害人有重大过失的,可以减轻赔偿义务人的赔偿责任。

第三条 二人以上共同故意或者共同过失致人损害,或者虽无共同故意、共同过失,但其侵害行为直接结合发生同一损害后果的,构成共同侵权,应当依照民法通则第一百三十条规定承担连带责任。

二人以上没有共同故意或者共同过失,但其分别实施的数个行为间接结合发生同一损害后果的,应当根据过失大小或者原因力比例各自承担相应的赔偿责任。

第四条 二人以上共同实施危及他人人身安全的行为并造成损害后果,不能确定实际侵害行为人的,应当依照民法通则第一百三十条规定承担连带责任。共同危险行为人能够证明损害后果不是由其行为造成的,不承担赔偿责任。

第五条 赔偿权利人起诉部分共同侵权人的,人民法院应当追加其他共同侵权人作为共同被告。赔偿权利人在诉讼中放弃对部分共同侵权人的诉讼请求的,其他共同侵权人对被放弃诉讼请求的被告应当承担的赔偿份额不承担连带责任。责任范围难以确定的,推定各共同侵权人承担同等责任。

人民法院应当将放弃诉讼请求的法律后果告知赔偿权利人，并将放弃诉讼请求的情况在法律文书中叙明。

第六条 从事住宿、餐饮、娱乐等经营活动或者其他社会活动的自然人、法人、其他组织，未尽合理限度范围内的安全保障义务致使他人遭受人身损害，赔偿权利人请求其承担相应赔偿责任的，人民法院应予支持。

因第三人侵权导致损害结果发生的，由实施侵权行为的第三人承担赔偿责任。安全保障义务人有过错的，应当在其能够防止或者制止损害的范围内承担相应的补充赔偿责任。安全保障义务人承担责任后，可以向第三人追偿。赔偿权利人起诉安全保障义务人的，应当将第三人作为共同被告，但第三人不能确定的除外。

第七条 对未成年人依法负有教育、管理、保护义务的学校、幼儿园或者其他教育机构，未尽职责范围内的相关义务致使未成年人遭受人身损害，或者未成年人致他人人身损害的，应当承担与其过错相应的赔偿责任。

第三人侵权致未成年人遭受人身损害的，应当承担赔偿责任。学校、幼儿园等教育机构有过错的，应当承担相应的补充赔偿责任。

第八条 法人或者其他组织的法定代表人、负责人以及工作人员，在执行职务中致人损害的，依照民法通则第一百二十一条的规定，由该法人或者其他组织承担民事责任。上述人员实施与职务无关的行为致人损害的，应当由行为人承担赔偿责任。

属于《国家赔偿法》赔偿事由的,依照《国家赔偿法》的规定处理。

第九条 雇员在从事雇佣活动中致人损害的,雇主应当承担赔偿责任;雇员因故意或者重大过失致人损害的,应当与雇主承担连带赔偿责任。雇主承担连带赔偿责任的,可以向雇员追偿。

前款所称"从事雇佣活动",是指从事雇主授权或者指示范围内的生产经营活动或者其他劳务活动。雇员的行为超出授权范围,但其表现形式是履行职务或者与履行职务有内在联系的,应当认定为"从事雇佣活动"。

第十条 承揽人在完成工作过程中对第三人造成损害或者造成自身损害的,定作人不承担赔偿责任。但定作人对定作、指示或者选任有过失的,应当承担相应的赔偿责任。

第十一条 雇员在从事雇佣活动中遭受人身损害,雇主应当承担赔偿责任。雇佣关系以外的第三人造成雇员人身损害的,赔偿权利人可以请求第三人承担赔偿责任,也可以请求雇主承担赔偿责任。雇主承担赔偿责任后,可以向第三人追偿。

雇员在从事雇佣活动中因安全生产事故遭受人身损害,发包人、分包人知道或者应当知道接受发包或者分包业务的雇主没有相应资质或者安全生产条件的,应当与雇主承担连带赔偿责任。

属于《工伤保险条例》调整的劳动关系和工伤保险范围的,不适用本条规定。

第十二条 依法应当参加工伤保险统筹的用人单位的劳动者,因工伤事故遭受人身损害,劳动者或者其近亲属向人民法院起诉请求用人单位承担民事赔偿责任的,告知其按《工伤保险条例》的规定处理。

因用人单位以外的第三人侵权造成劳动者人身损害,赔偿权利人请求第三人承担民事赔偿责任的,人民法院应予支持。

第十三条 为他人无偿提供劳务的帮工人,在从事帮工活动中致人损害的,被帮工人应当承担赔偿责任。被帮工人明确拒绝帮工的,不承担赔偿责任。帮工人存在故意或者重大过失,赔偿权利人请求帮工人和被帮工人承担连带责任的,人民法院应予支持。

第十四条 帮工人因帮工活动遭受人身损害的,被帮工人应当承担赔偿责任。被帮工人明确拒绝帮工的,不承担赔偿责任;但可以在受益范围内予以适当补偿。

帮工人因第三人侵权遭受人身损害的,由第三人承担赔偿责任。第三人不能确定或者没有赔偿能力的,可以由被帮工人予以适当补偿。

第十五条 为维护国家、集体或者他人的合法权益而使自己受到人身损害,因没有侵权人、不能确定侵权人或者侵权人没有赔偿能力,赔偿权利人请求受益人在受益范围内予以适当补偿的,人民法院应予支持。

第十六条 下列情形,适用民法通则第一百二十六条的规定,由所有人或者管理人承担赔偿责任,但能够证明自己没有过错的除外:

(一)道路、桥梁、隧道等人工建造的构筑物因维护、管理瑕疵致人损害的;

(二)堆放物品滚落、滑落或者堆放物倒塌致人损害的;

(三)树木倾倒、折断或者果实坠落致人损害的。

前款第(一)项情形,因设计、施工缺陷造成损害的,由所有人、管理人与设计、施工者承担连带责任。

第十七条 受害人遭受人身损害,因就医治疗支出的各项费用以及因误工减少的收入,包括医疗费、误工费、护理费、交通费、住宿费、住院伙食补助费、必要的营养费,赔偿义务人应当予以赔偿。

受害人因伤致残的,其因增加生活上需要所支出的必要费用以及因丧失劳动能力导致的收入损失,包括残疾赔偿金、残疾辅助器具费、被扶养人生活费,以及因康复护理、继续治疗实际发生的必要的康复费、护理费、后续治疗费,赔偿义务人也应当予以赔偿。

受害人死亡的,赔偿义务人除应当根据抢救治疗情况赔偿本条第一款规定的相关费用外,还应当赔偿丧葬费、被扶养人生活费、死亡补偿费以及受害人亲属办理丧葬事宜支出的交通费、住宿费和误工损失等其他合理费用。

第十八条 受害人或者死者近亲属遭受精神损害,赔偿权利人向人民法院请求赔偿精神损害抚慰金的,适用《最高人民法院关于确定民事侵权精神损害赔偿责任若干问题的解释》予以确定。

精神损害抚慰金的请求权,不得让与或者继承。但赔偿义务人已经以书面方式承诺给予金钱赔偿,或者赔偿权利人已经向人民法院起诉的除外。

第十九条 医疗费根据医疗机构出具的医药费、住院费等收款凭证,结合病历和诊断证明等相关证据确定。赔偿义务人对治疗的必要性和合理性有异议的,应当承担相应的举证责任。

医疗费的赔偿数额，按照一审法庭辩论终结前实际发生的数额确定。器官功能恢复训练所必要的康复费、适当的整容费以及其他后续治疗费，赔偿权利人可以待实际发生后另行起诉。但根据医疗证明或者鉴定结论确定必然发生的费用，可以与已经发生的医疗费一并予以赔偿。

第二十条 误工费根据受害人的误工时间和收入状况确定。

误工时间根据受害人接受治疗的医疗机构出具的证明确定。受害人因伤致残持续误工的，误工时间可以计算至定残日前一天。

受害人有固定收入的，误工费按照实际减少的收入计算。受害人无固定收入的，按照其最近三年的平均收入计算；受害人不能举证证明其最近三年的平均收入状况的，可以参照受诉法院所在地相同或者相近行业上一年度职工的平均工资计算。

第二十一条 护理费根据护理人员的收入状况和护理人数、护理期限确定。

护理人员有收入的，参照误工费的规定计算；护理人员没有收入或者雇佣护工的，参照当地护工从事同等级别护理的劳务报酬标准计算。护理人员原则上为一人，但医疗机构或者鉴定机构有明确意见的，可以参照确定护理人员人数。

护理期限应计算至受害人恢复生活自理能力时止。受害人因残疾不能恢复生活自理能力的，可以根据其年龄、健康状况等因素确定合理的护理期限，但最长不超过二十年。

受害人定残后的护理，应当根据其护理依赖程度并结合配制残疾辅助器具的情况确定护理级别。

第二十二条 交通费根据受害人及其必要的陪护人员因就医或者转院治疗实际发生的费用计算。交通费应当以正式票据为凭;有关凭据应当与就医地点、时间、人数、次数相符合。

第二十三条 住院伙食补助费可以参照当地国家机关一般工作人员的出差伙食补助标准予以确定。

受害人确有必要到外地治疗,因客观原因不能住院,受害人本人及其陪护人员实际发生的住宿费和伙食费,其合理部分应予赔偿。

第二十四条 营养费根据受害人伤残情况参照医疗机构的意见确定。

第二十五条 残疾赔偿金根据受害人丧失劳动能力程度或者伤残等级,按照受诉法院所在地上一年度城镇居民人均可支配收入或者农村居民人均纯收入标准,自定残之日起按二十年计算。但六十周岁以上的,年龄每增加一岁减少一年;七十五周岁以上的,按五年计算。

受害人因伤致残但实际收入没有减少,或者伤残等级较轻但造成职业妨害严重影响其劳动就业的,可以对残疾赔偿金作相应调整。

第二十六条 残疾辅助器具费按照普通适用器具的合理费用标准计算。伤情有特殊需要的,可以参照辅助器具配制机构的意见确定相应的合理费用标准。

辅助器具的更换周期和赔偿期限参照配制机构的意见确定。

第二十七条 丧葬费按照受诉法院所在地上一年度职工月平均工资标准,以六个月总额计算。

第二十八条 被扶养人生活费根据扶养人丧失劳动能力程度,按照受诉法院所在地上一年度城镇居民人均消费性支出和农村居民人均年生活消费支出标准计算。被扶养人为未成年人的,计算至十八周岁;被扶养人无劳动能力又无其他生活来源的,计算二十年。但六十周岁以上的,年龄每增加一岁减少一年;七十五周岁以上的,按五年计算。

被扶养人是指受害人依法应当承担扶养义务的未成年人或者丧失劳动能力又无其他生活来源的成年近亲属。被扶养人还有其他扶养人的,赔偿义务人只赔偿受害人依法应当负担的部分。被扶养人有数人的,年赔偿总额累计不超过上一年度城镇居民人均消费性支出额或者农村居民人均年生活消费支出额。

第二十九条 死亡赔偿金按照受诉法院所在地上一年度城镇居民人均可支配收入或者农村居民人均纯收入标准,按二十年计算。但六十周岁以上的,年龄每增加一岁减少一年;七十五周岁以上的,按五年计算。

第三十条 赔偿权利人举证证明其住所地或者经常居住地城镇居民人均可支配收入或者农村居民人均纯收入高于受诉法院所在地标准的,残疾赔偿金或者死亡赔偿金可以按照其住所地或者经常居住地的相关标准计算。

被扶养人生活费的相关计算标准,依照前款原则确定。

第三十一条 人民法院应当按照民法通则第一百三十一条以及本解释第二条的规定,确定第十九条至第二十九条各项财产损失的实际赔偿金额。

前款确定的物质损害赔偿金与按照第十八条第一款规定确定的精

神损害抚慰金,原则上应当一次性给付。

第三十二条 超过确定的护理期限、辅助器具费给付年限或者残疾赔偿金给付年限,赔偿权利人向人民法院起诉请求继续给付护理费、辅助器具费或者残疾赔偿金的,人民法院应予受理。赔偿权利人确需继续护理、配制辅助器具,或者没有劳动能力和生活来源的,人民法院应当判令赔偿义务人继续给付相关费用五至十年。

第三十三条 赔偿义务人请求以定期金方式给付残疾赔偿金、被扶养人生活费、残疾辅助器具费的,应当提供相应的担保。人民法院可以根据赔偿义务人的给付能力和提供担保的情况,确定以定期金方式给付相关费用。但一审法庭辩论终结前已经发生的费用、死亡赔偿金以及精神损害抚慰金,应当一次性给付。

第三十四条 人民法院应当在法律文书中明确定期金的给付时间、方式以及每期给付标准。执行期间有关统计数据发生变化的,给付金额应当适时进行相应调整。

定期金按照赔偿权利人的实际生存年限给付,不受本解释有关赔偿期限的限制。

第三十五条 本解释所称"城镇居民人均可支配收入"、"农村居民人均纯收入"、"城镇居民人均消费性支出"、"农村居民人均年生活消费支出"、"职工平均工资",按照政府统计部门公布的各省、自治区、直辖市以及经济特区和计划单列市上一年度相关统计数据确定。

"上一年度",是指一审法庭辩论终结时的上一统计年度。

第三十六条 本解释自 2004 年 5 月 1 日起施行。2004 年 5 月 1 日后新受理的一审人身损害赔偿案件,适用本解释的规定。已经作出生效裁判的人身损害赔偿案件依法再审的,不适用本解释的规定。

在本解释公布施行之前已经生效施行的司法解释,其内容与本解释不一致的,以本解释为准。

最高人民法院关于确定民事侵权精神
损害赔偿责任若干问题的解释

(2001 年 2 月 26 日最高人民法院审判委员会第 1161 次会议通过,法释〔2001〕7 号,2001 年 3 月 8 日公布,自 2001 年 3 月 10 日起施行)

为在审理民事侵权案件中正确确定精神损害赔偿责任,根据《中华人民共和国民法通则》等有关法律规定,结合审判实践经验,对有关问题作如下解释:

第一条 自然人因下列人格权利遭受非法侵害,向人民法院起诉请求赔偿精神损害的,人民法院应当依法予以受理:

(一)生命权、健康权、身体权;

(二)姓名权、肖像权、名誉权、荣誉权;

(三)人格尊严权、人身自由权。

违反社会公共利益、社会公德侵害他人隐私或者其他人格利益,受害人以侵权为由向人民法院起诉请求赔偿精神损害的,人民法院应当依法予以受理。

第二条 非法使被监护人脱离监护,导致亲子关系或者近亲属间的亲属关系遭受严重损害,监护人向人民法院起诉请求赔偿精神损害的,人民法院应当依法予以受理。

第三条 自然人死亡后,其近亲属因下列侵权行为遭受精神痛苦,向人民法院起诉请求赔偿精神损害的,人民法院应当依法予以受理:

(一)以侮辱、诽谤、贬损、丑化或者违反社会公共利益、社会公德的其他方式,侵害死者姓名、肖像、名誉、荣誉;

(二)非法披露、利用死者隐私,或者以违反社会公共利益、社会公德的其他方式侵害死者隐私;

(三)非法利用、损害遗体、遗骨,或者以违反社会公共利益、社会公德的其他方式侵害遗体、遗骨。

第四条 具有人格象征意义的特定纪念物品,因侵权行为而永久性灭失或者毁损,物品所有人以侵权为由,向人民法院起诉请求赔偿精神损害的,人民法院应当依法予以受理。

第五条 法人或者其他组织以人格权利遭受侵害为由,向人民法院起诉请求赔偿精神损害的,人民法院不予受理。

第六条 当事人在侵权诉讼中没有提出赔偿精神损害的诉讼请求,诉讼终结后又基于同一侵权事实另行起诉请求赔偿精神损害的,人民法院不予受理。

第七条 自然人因侵权行为致死,或者自然人死亡后其人格或者遗体遭受侵害,死者的配偶、父母和子女向人民法院起诉请求赔偿精神损害的,列其配偶、父母和子女为原告;没有配偶、父母和子女的,可以由其他近亲属提起诉讼,列其他近亲属为原告。

第八条 因侵权致人精神损害,但未造成严重后果,受害人请求赔偿精神损害的,一般不予支持,人民法院可以根据情形判令侵权人停止侵害、恢复名誉、消除影响、赔礼道歉。

因侵权致人精神损害,造成严重后果的,人民法院除判令侵权人承担停止侵害、恢复名誉、消除影响、赔礼道歉等民事责任外,可以根据受害人一方的请求判令其赔偿相应的精神损害抚慰金。

第九条 精神损害抚慰金包括以下方式:

(一)致人残疾的,为残疾赔偿金;

(二)致人死亡的,为死亡赔偿金;

(三)其他损害情形的精神抚慰金。

第十条 精神损害的赔偿数额根据以下因素确定:

(一)侵权人的过错程度,法律另有规定的除外;

(二)侵害的手段、场合、行为方式等具体情节;

(三)侵权行为所造成的后果;

(四)侵权人的获利情况;

(五)侵权人承担责任的经济能力;

(六)受诉法院所在地平均生活水平。

法律、行政法规对残疾赔偿金、死亡赔偿金等有明确规定的,适用法律、行政法规的规定。

第十一条 受害人对损害事实和损害后果的发生有过错的,可以根据其过错程度减轻或者免除侵权人的精神损害赔偿责任。

第十二条 在本解释公布施行之前已经生效施行的司法解释,其内容有与本解释不一致的,以本解释为准。

病历书写基本规范

第一章 基本要求

第一条 病历是指医务人员在医疗活动过程中形成的文字、符号、图表、影像、切片等资料的总和,包括门(急)诊病历和住院病历。

第二条 病历书写是指医务人员通过问诊、查体、辅助检查、诊断、治疗、护理等医疗活动获得有关资料,并进行归纳、分析、整理形成医疗活动记录的行为。

第三条 病历书写应当客观、真实、准确、及时、完整、规范。

第四条 病历书写应当使用蓝黑墨水、碳素墨水,需复写的病历资料可以使用蓝或黑色油水的圆珠笔。计算机打印的病历应当符合病历保存的要求。

第五条 病历书写应当使用中文,通用的外文缩写和无正式中文译名的症状、体征、疾病名称等可以使用外文。

第六条 病历书写应规范使用医学术语,文字工整,字迹清晰,表述准确,语句通顺,标点正确。

第七条 病历书写过程中出现错字时，应当用双线划在错字上，保留原记录清楚、可辨，并注明修改时间，修改人签名。不得采用刮、粘、涂等方法掩盖或去除原来的字迹。

上级医务人员有审查修改下级医务人员书写的病历的责任。

第八条 病历应当按照规定的内容书写，并由相应医务人员签名。

实习医务人员、试用期医务人员书写的病历，应当经过本医疗机构注册的医务人员审阅、修改并签名。

进修医务人员由医疗机构根据其胜任本专业工作实际情况认定后书写病历。

第九条 病历书写一律使用阿拉伯数字书写日期和时间，采用24小时制记录。

第十条 对需取得患者书面同意方可进行的医疗活动，应当由患者本人签署知情同意书。患者不具备完全民事行为能力时，应当由其法定代理人签字；患者因病无法签字时，应当由其授权的人员签字；为抢救患者，在法定代理人或被授权人无法及时签字的情况下，可由医疗机构负责人或者授权的负责人签字。

因实施保护性医疗措施不宜向患者说明情况的，应当将有关情况告知患者近亲属，由患者近亲属签署知情同意书，并及时记录。患者无近亲属的或者患者近亲属无法签署同意书的，由患者的法定代理人或者关系人签署同意书。

第二章 门(急)诊病历书写内容及要求

第十一条 门(急)诊病历内容包括门(急)诊病历首页(门(急)诊手

册封面)、病历记录、化验单(检验报告)、医学影像检查资料等。

第十二条 门(急)诊病历首页内容应当包括患者姓名、性别、出生年月日、民族、婚姻状况、职业、工作单位、住址、药物过敏史等项目。

门诊手册封面内容应当包括患者姓名、性别、年龄、工作单位或住址、药物过敏史等项目。

第十三条 门(急)诊病历记录分为初诊病历记录和复诊病历记录。

初诊病历记录书写内容应当包括就诊时间、科别、主诉、现病史、既往史,阳性体征、必要的阴性体征和辅助检查结果,诊断及治疗意见和医师签名等。

复诊病历记录书写内容应当包括就诊时间、科别、主诉、病史、必要的体格检查和辅助检查结果、诊断、治疗处理意见和医师签名等。

急诊病历书写就诊时间应当具体到分钟。

第十四条 门(急)诊病历记录应当由接诊医师在患者就诊时及时完成。

第十五条 急诊留观记录是急诊患者因病情需要留院观察期间的记录,重点记录观察期间病情变化和诊疗措施,记录简明扼要,并注明患者去向。抢救危重患者时,应当书写抢救记录。门(急)诊抢救记录书写内容及要求按照住院病历抢救记录书写内容及要求执行。

第三章　住院病历书写内容及要求

第十六条 住院病历内容包括住院病案首页、入院记录、病程记录、手术同意书、麻醉同意书、输血治疗知情同意书、特殊检查(特殊治疗)

同意书、病危(重)通知书、医嘱单、辅助检查报告单、体温单、医学影像检查资料、病理资料等。

第十七条 入院记录是指患者入院后,由经治医师通过问诊、查体、辅助检查获得有关资料,并对这些资料归纳分析书写而成的记录。可分为入院记录、再次或多次入院记录、24 小时内入出院记录、24 小时内入院死亡记录。

入院记录、再次或多次入院记录应当于患者入院后 24 小时内完成;24 小时内入出院记录应当于患者出院后 24 小时内完成,24 小时内入院死亡记录应当于患者死亡后 24 小时内完成。

第十八条 入院记录的要求及内容。

(一)患者一般情况包括姓名、性别、年龄、民族、婚姻状况、出生地、职业、入院时间、记录时间、病史陈述者。

(二)主诉是指促使患者就诊的主要症状(或体征)及持续时间。

(三)现病史是指患者本次疾病的发生、演变、诊疗等方面的详细情况,应当按时间顺序书写。内容包括发病情况、主要症状特点及其发展变化情况、伴随症状、发病后诊疗经过及结果、睡眠和饮食等一般情况的变化,以及与鉴别诊断有关的阳性或阴性资料等。

1.发病情况:记录发病的时间、地点、起病缓急、前驱症状、可能的原因或诱因。

2.主要症状特点及其发展变化情况:按发生的先后顺序描述主要症状的部位、性质、持续时间、程度、缓解或加剧因素,以及演变发展情况。

3.伴随症状：记录伴随症状，描述伴随症状与主要症状之间的相互关系。

4.发病以来诊治经过及结果：记录患者发病后到入院前，在院内、外接受检查与治疗的详细经过及效果。对患者提供的药名、诊断和手术名称需加引号（""）以示区别。

5.发病以来一般情况：简要记录患者发病后的精神状态、睡眠、食欲、大小便、体重等情况。

与本次疾病虽无紧密关系、但仍需治疗的其他疾病情况，可在现病史后另起一段予以记录。

（四）既往史是指患者过去的健康和疾病情况。内容包括既往一般健康状况、疾病史、传染病史、预防接种史、手术外伤史、输血史、食物或药物过敏史等。

（五）个人史，婚育史、月经史，家族史。

1.个人史：记录出生地及长期居留地，生活习惯及有无烟、酒、药物等嗜好，职业与工作条件及有无工业毒物、粉尘、放射性物质接触史，有无冶游史。

2.婚育史、月经史：婚姻状况、结婚年龄、配偶健康状况、有无子女等。女性患者记录初潮年龄、行经期天数、间隔天数、末次月经时间（或闭经年龄），月经量、痛经及生育等情况。

3.家族史：父母、兄弟、姐妹健康状况，有无与患者类似疾病，有无家族遗传倾向的疾病。

（六）体格检查应当按照系统循序进行书写。内容包括体温、脉搏、呼吸、血压,一般情况,皮肤、粘膜,全身浅表淋巴结,头部及其器官,颈部,胸部(胸廓、肺部、心脏、血管),腹部(肝、脾等),直肠肛门,外生殖器,脊柱,四肢,神经系统等。

(七)专科情况应当根据专科需要记录专科特殊情况。

(八)辅助检查指入院前所作的与本次疾病相关的主要检查及其结果。应分类按检查时间顺序记录检查结果,如系在其他医疗机构所作检查,应当写明该机构名称及检查号。

(九)初步诊断是指经治医师根据患者入院时情况,综合分析所作出的诊断。如初步诊断为多项时,应当主次分明。对待查病例应列出可能性较大的诊断。

(十)书写入院记录的医师签名。

第十九条 再次或多次入院记录,是指患者因同一种疾病再次或多次住入同一医疗机构时书写的记录。要求及内容基本同入院记录。主诉是记录患者本次入院的主要症状(或体征)及持续时间;现病史中要求首先对本次住院前历次有关住院诊疗经过进行小结,然后再书写本次入院的现病史。

第二十条 患者入院不足24小时出院的,可以书写24小时内入出院记录。内容包括患者姓名、性别、年龄、职业、入院时间、出院时间、主诉、入院情况、入院诊断、诊疗经过、出院情况、出院诊断、出院医嘱,医师签名等。

第二十一条 患者入院不足24小时死亡的,可以书写24小时内入院死亡记录。内容包括患者姓名、性别、年龄、职业、入院时间、死亡时间、主诉、入院情况、入院诊断、诊疗经过(抢救经过)、死亡原因、死亡诊断,医师签名等。

第二十二条 病程记录是指继入院记录之后,对患者病情和诊疗过程所进行的连续性记录。内容包括患者的病情变化情况、重要的辅助检查结果及临床意义、上级医师查房意见、会诊意见、医师分析讨论意见、所采取的诊疗措施及效果、医嘱更改及理由、向患者及其近亲属告知的重要事项等。

病程记录的要求及内容:

(一)首次病程记录是指患者入院后由经治医师或值班医师书写的第一次病程记录,应当在患者入院8小时内完成。首次病程记录的内容包括病例特点、拟诊讨论(诊断依据及鉴别诊断)、诊疗计划等。

1.病例特点:应当在对病史、体格检查和辅助检查进行全面分析、归纳和整理后写出本病例特征,包括阳性发现和具有鉴别诊断意义的阴性症状和体征等。

2.拟诊讨论(诊断依据及鉴别诊断):根据病例特点,提出初步诊断和诊断依据;对诊断不明的写出鉴别诊断并进行分析;并对下一步诊治措施进行分析。

3.诊疗计划:提出具体的检查及治疗措施安排。

(二)日常病程记录是指对患者住院期间诊疗过程的经常性、连续性记录。由经治医师书写,也可以由实习医务人员或试用期医务人员书写,但应有经治医师签名。书写日常病程记录时,首先标明记录时间,另起一行记录具体内容。对病危患者应当根据病情变化随时书写病程记录,每天至少 1 次,记录时间应当具体到分钟。对病重患者,至少 2 天记录一次病程记录。对病情稳定的患者,至少 3 天记录一次病程记录。

(三)上级医师查房记录是指上级医师查房时对患者病情、诊断、鉴别诊断、当前治疗措施疗效的分析及下一步诊疗意见等的记录。

主治医师首次查房记录应当于患者入院 48 小时内完成。内容包括查房医师的姓名、专业技术职务、补充的病史和体征、诊断依据与鉴别诊断的分析及诊疗计划等。

主治医师日常查房记录间隔时间视病情和诊疗情况确定,内容包括查房医师的姓名、专业技术职务、对病情的分析和诊疗意见等。

科主任或具有副主任医师以上专业技术职务任职资格医师查房的记录,内容包括查房医师的姓名、专业技术职务、对病情的分析和诊疗意见等。

(四)疑难病例讨论记录是指由科主任或具有副主任医师以上专业技术任职资格的医师主持、召集有关医务人员对确诊困难或疗效不确切病例讨论的记录。内容包括讨论日期、主持人、参加人员姓名及专业技术职务、具体讨论意见及主持人小结意见等。

(五)交(接)班记录是指患者经治医师发生变更之际,交班医师和接班医师分别对患者病情及诊疗情况进行简要总结的记录。交班记录应当在交班前由交班医师书写完成;接班记录应当由接班医师于接班后 24 小时内完成。交(接)班记录的内容包括入院日期、交班或接班日期、患者姓名、性别、年龄、主诉、入院情况、入院诊断、诊疗经过、目前情况、目前诊断、交班注意事项或接班诊疗计划、医师签名等。

（六）转科记录是指患者住院期间需要转科时,经转入科室医师会诊并同意接收后,由转出科室和转入科室医师分别书写的记录。包括转出记录和转入记录。转出记录由转出科室医师在患者转出科室前书写完成(紧急情况除外);转入记录由转入科室医师于患者转入后 24 小时内完成。转科记录内容包括入院日期、转出或转入日期,转出、转入科室,患者姓名、性别、年龄、主诉、入院情况、入院诊断、诊疗经过、目前情况、目前诊断、转科目的及注意事项或转入诊疗计划、医师签名等。

（七）阶段小结是指患者住院时间较长,由经治医师每月所作病情及诊疗情况总结。阶段小结的内容包括入院日期、小结日期,患者姓名、性别、年龄、主诉、入院情况、入院诊断、诊疗经过、目前情况、目前诊断、诊疗计划、医师签名等。

交(接)班记录、转科记录可代替阶段小结。

（八）抢救记录是指患者病情危重,采取抢救措施时作的记录。因抢救急危患者,未能及时书写病历的,有关医务人员应当在抢救结束后 6 小时内据实补记,并加以注明。内容包括病情变化情况、抢救时间及措施、参加抢救的医务人员姓名及专业技术职称等。记录抢救时间应当具体到分钟。

（九）有创诊疗操作记录是指在临床诊疗活动过程中进行的各种诊断、治疗性操作(如胸腔穿刺、腹腔穿刺等)的记录。应当在操作完成后即刻书写。内容包括操作名称、操作时间、操作步骤、结果及患者一般情况,记录过程是否顺利、有无不良反应,术后注意事项及是否向患者说明,操作医师签名。

（十）会诊记录（含会诊意见）是指患者在住院期间需要其他科室或者其他医疗机构协助诊疗时，分别由申请医师和会诊医师书写的记录。会诊记录应另页书写。内容包括申请会诊记录和会诊意见记录。申请会诊记录应当简要载明患者病情及诊疗情况、申请会诊的理由和目的，申请会诊医师签名等。常规会诊意见记录应当由会诊医师在会诊申请发出后48小时内完成，急会诊时会诊医师应当在会诊申请发出后10分钟内到场，并在会诊结束后即刻完成会诊记录。会诊记录内容包括会诊意见、会诊医师所在的科别或者医疗机构名称、会诊时间及会诊医师签名等。申请会诊医师应在病程记录中记录会诊意见执行情况。

（十一）术前小结是指在患者手术前，由经治医师对患者病情所作的总结。内容包括简要病情、术前诊断、手术指征、拟施手术名称和方式、拟施麻醉方式、注意事项，并记录手术者术前查看患者相关情况等。

（十二）术前讨论记录是指因患者病情较重或手术难度较大，手术前在上级医师主持下，对拟实施手术方式和术中可能出现的问题及应对措施所作的讨论。讨论内容包括术前准备情况、手术指征、手术方案、可能出现的意外及防范措施、参加讨论者的姓名及专业技术职务、具体讨论意见及主持人小结意见、讨论日期、记录者的签名等。

（十三）麻醉术前访视记录是指在麻醉实施前，由麻醉医师对患者拟施麻醉进行风险评估的记录。麻醉术前访视可另立单页，也可在病程中记录。内容包括姓名、性别、年龄、科别、病案号，患者一般情况、简要病史、与麻醉相关的辅助检查结果、拟行手术方式、拟行麻醉方式、麻醉适应证及麻醉中需注意的问题、术前麻醉医嘱、麻醉医师签字并填写日期。

（十四）麻醉记录是指麻醉医师在麻醉实施中书写的麻醉经过及处理措施的记录。麻醉记录应当另页书写，内容包括患者一般情况、术前特殊情况、麻醉前用药、术前诊断、术中诊断、手术方式及日期、麻醉方式、麻醉诱导及各项操作开始及结束时间、麻醉期间用药名称、方式及剂量、麻醉期间特殊或突发情况及处理、手术起止时间、麻醉医师签名等。

（十五）手术记录是指手术者书写的反映手术一般情况、手术经过、术中发现及处理等情况的特殊记录，应当在术后 24 小时内完成。特殊情况下由第一助手书写时，应有手术者签名。手术记录应当另页书写，内容包括一般项目（患者姓名、性别、科别、病房、床位号、住院病历号或病案号）、手术日期、术前诊断、术中诊断、手术名称、手术者及助手姓名、麻醉方法、手术经过、术中出现的情况及处理等。

（十六）手术安全核查记录是指由手术医师、麻醉医师和巡回护士三方，在麻醉实施前、手术开始前和病人离室前，共同对病人身份、手术部位、手术方式、麻醉及手术风险、手术使用物品清点等内容进行核对的记录，输血的病人还应对血型、用血量进行核对。应有手术医师、麻醉医师和巡回护士三方核对、确认并签字。

（十七）手术清点记录是指巡回护士对手术患者术中所用血液、器械、敷料等的记录，应当在手术结束后即时完成。手术清点记录应当另页书写，内容包括患者姓名、住院病历号（或病案号）、手术日期、手术名称、术中所用各种器械和敷料数量的清点核对、巡回护士和手术器械护士签名等。

(十八)术后首次病程记录是指参加手术的医师在患者术后即时完成的病程记录。内容包括手术时间、术中诊断、麻醉方式、手术方式、手术简要经过、术后处理措施、术后应当特别注意观察的事项等。

(十九)麻醉术后访视记录是指麻醉实施后,由麻醉医师对术后患者麻醉恢复情况进行访视的记录。麻醉术后访视可另立单页,也可在病程中记录。内容包括姓名、性别、年龄、科别、病案号,患者一般情况、麻醉恢复情况、清醒时间、术后医嘱、是否拔除气管插管等,如有特殊情况应详细记录,麻醉医师签字并填写日期。

(二十)出院记录是指经治医师对患者此次住院期间诊疗情况的总结,应当在患者出院后 24 小时内完成。内容主要包括入院日期、出院日期、入院情况、入院诊断、诊疗经过、出院诊断、出院情况、出院医嘱、医师签名等。

(二十一)死亡记录是指经治医师对死亡患者住院期间诊疗和抢救经过的记录,应当在患者死亡后 24 小时内完成。内容包括入院日期、死亡时间、入院情况、入院诊断、诊疗经过(重点记录病情演变、抢救经过)、死亡原因、死亡诊断等。记录死亡时间应当具体到分钟。

(二十二)死亡病例讨论记录是指在患者死亡一周内,由科主任或具有副主任医师以上专业技术职务任职资格的医师主持,对死亡病例进行讨论、分析的记录。内容包括讨论日期、主持人及参加人员姓名、专业技术职务、具体讨论意见及主持人小结意见、记录者的签名等。

(二十三)病重(病危)患者护理记录是指护士根据医嘱和病情对病

重(病危)患者住院期间护理过程的客观记录。病重(病危)患者护理记录应当根据相应专科的护理特点书写。内容包括患者姓名、科别、住院病历号(或病案号)、床位号、页码、记录日期和时间、出入液量、体温、脉搏、呼吸、血压等病情观察、护理措施和效果、护士签名等。记录时间应当具体到分钟。

第二十三条 手术同意书是指手术前,经治医师向患者告知拟施手术的相关情况,并由患者签署是否同意手术的医学文书。内容包括术前诊断、手术名称、术中或术后可能出现的并发症、手术风险、患者签署意见并签名、经治医师和术者签名等。

第二十四条 麻醉同意书是指麻醉前,麻醉医师向患者告知拟施麻醉的相关情况,并由患者签署是否同意麻醉意见的医学文书。内容包括患者姓名、性别、年龄、病案号、科别、术前诊断、拟行手术方式、拟行麻醉方式,患者基础疾病及可能对麻醉产生影响的特殊情况,麻醉中拟行的有创操作和监测,麻醉风险、可能发生的并发症及意外情况,患者签署意见并签名、麻醉医师签名并填写日期。

第二十五条 输血治疗知情同意书是指输血前,经治医师向患者告知输血的相关情况,并由患者签署是否同意输血的医学文书。输血治疗知情同意书内容包括患者姓名、性别、年龄、科别、病案号、诊断、输血指征、拟输血成分、输血前有关检查结果、输血风险及可能产生的不良后果、患者签署意见并签名、医师签名并填写日期。

第二十六条 特殊检查、特殊治疗同意书是指在实施特殊检查、特殊治疗前,经治医师向患者告知特殊检查、特殊治疗的相关情况,并由患者签署是否同意检查、治疗的医学文书。内容包括特殊检查、特殊治疗项目名称、目的、可能出现的并发症及风险、患者签名、医师签名等。

第二十七条 病危(重)通知书是指因患者病情危、重时,由经治医师或值班医师向患者家属告知病情,并由患方签名的医疗文书。内容包括患者姓名、性别、年龄、科别,目前诊断及病情危重情况,患方签名、医师签名并填写日期。一式两份,一份交患方保存,另一份归病历中保存。

第二十八条 医嘱是指医师在医疗活动中下达的医学指令。医嘱单分为长期医嘱单和临时医嘱单。

长期医嘱单内容包括患者姓名、科别、住院病历号(或病案号)、页码、起始日期和时间、长期医嘱内容、停止日期和时间、医师签名、执行时间、执行护士签名。临时医嘱单内容包括医嘱时间、临时医嘱内容、医师签名、执行时间、执行护士签名等。

医嘱内容及起始、停止时间应当由医师书写。医嘱内容应当准确、清楚,每项医嘱应当只包含一个内容,并注明下达时间,应当具体到分钟。医嘱不得涂改。需要取消时,应当使用红色墨水标注"取消"字样并签名。

一般情况下,医师不得下达口头医嘱。因抢救急危患者需要下达口头医嘱时,护士应当复诵一遍。抢救结束后,医师应当即刻据实补记医嘱。

第二十九条 辅助检查报告单是指患者住院期间所做各项检验、检查结果的记录。内容包括患者姓名、性别、年龄、住院病历号(或病案号)、检查项目、检查结果、报告日期、报告人员签名或者印章等。

第三十条 体温单为表格式,以护士填写为主。内容包括患者姓名、科室、床号、入院日期、住院病历号(或病案号)、日期、手术后天数、体温、脉搏、呼吸、血压、大便次数、出入液量、体重、住院周数等。

第四章 打印病历内容及要求

第三十一条 打印病历是指应用字处理软件编辑生成并打印的病历(如 Word 文档、WPS 文档等)。打印病历应当按照本规定的内容录入并及时打印,由相应医务人员手写签名。

第三十二条 医疗机构打印病历应当统一纸张、字体、字号及排版格式。打印字迹应清楚易认,符合病历保存期限和复印的要求。

第三十三条 打印病历编辑过程中应当按照权限要求进行修改,已完成录入打印并签名的病历不得修改。

第五章 其 他

第三十四条 住院病案首页按照《卫生部关于修订下发住院病案首页的通知》(卫医发〔2001〕286 号)的规定书写。

第三十五条 特殊检查、特殊治疗按照《医疗机构管理条例实施细则》(1994 年卫生部令第 35 号)有关规定执行。

第三十六条 中医病历书写基本规范由国家中医药管理局另行制定。

第三十七条 电子病历基本规范由卫生部另行制定。

第三十八条 本规范自 2010 年 3 月 1 日起施行。我部于 2002 年颁布的《病历书写基本规范(试行)》(卫医发〔2002〕190 号)同时废止。

关于印发《医疗机构病历管理规定(2013年版)》的通知

国卫医发〔2013〕31号

各省、自治区、直辖市卫生厅局(卫生计生委)、中医药管理局,新疆生产建设兵团卫生局:

为进一步强化医疗机构病历管理,维护医患双方的合法权益,使病历管理满足现代化医院管理的需要,国家卫生计生委和国家中医药管理局组织专家对2002年下发的《医疗机构病历管理规定》进行了修订,形成了《医疗机构病历管理规定(2013年版)》(可以从国家卫生计生委网站下载)。现印发给你们,请遵照执行。

国家卫生计生委国家中医药管理局

2013年11月20日

医疗机构病历管理规定
(2013年版)

第一章 总 则

第一条 为加强医疗机构病历管理,保障医疗质量与安全,维护医患双方的合法权益,制定本规定。

第二条 病历是指医务人员在医疗活动过程中形成的文字、符号、图表、影像、切片等资料的总和,包括门(急)诊病历和住院病历。病历归档以后形成病案。

第三条 本规定适用于各级各类医疗机构对病历的管理。

第四条 按照病历记录形式不同,可区分为纸质病历和电子病历。电子病历与纸质病历具有同等效力。

第五条 医疗机构应当建立健全病历管理制度,设置病案管理部门或者配备专(兼)职人员,负责病历和病案管理工作。

医疗机构应当建立病历质量定期检查、评估与反馈制度。医疗机构医务部门负责病历的质量管理。

第六条 医疗机构及其医务人员应当严格保护患者隐私,禁止以非医疗、教学、研究目的泄露患者的病历资料。

第二章 病历的建立

第七条 医疗机构应当建立门(急)诊病历和住院病历编号制度,为同一患者建立唯一的标识号码。已建立电子病历的医疗机构,应当将病历标识号码与患者身份证明编号相关联,使用标识号码和身份证明编号均能对病历进行检索。

门(急)诊病历和住院病历应当标注页码或者电子页码。

第八条 医务人员应当按照《病历书写基本规范》、《中医病历书写基本规范》、《电子病历基本规范(试行)》和《中医电子病历基本规范(试行)》要求书写病历。

第九条 住院病历应当按照以下顺序排序：体温单、医嘱单、入院记录、病程记录、术前讨论记录、手术同意书、麻醉同意书、麻醉术前访视记录、手术安全核查记录、手术清点记录、麻醉记录、手术记录、麻醉术后访视记录、术后病程记录、病重(病危)患者护理记录、出院记录、死亡记录、输血治疗知情同意书、特殊检查(特殊治疗)同意书、会诊记录、病危(重)通知书、病理资料、辅助检查报告单、医学影像检查资料。

病案应当按照以下顺序装订保存：住院病案首页、入院记录、病程记录、术前讨论记录、手术同意书、麻醉同意书、麻醉术前访视记录、手术安全核查记录、手术清点记录、麻醉记录、手术记录、麻醉术后访视记录、术后病程记录、出院记录、死亡记录、死亡病例讨论记录、输血治疗知情同意书、特殊检查(特殊治疗)同意书、会诊记录、病危(重)通知书、病理资料、辅助检查报告单、医学影像检查资料、体温单、医嘱单、病重(病危)患者护理记录。

第三章 病历的保管

第十条 门(急)诊病历原则上由患者负责保管。医疗机构建有门(急)诊病历档案室或者已建立门(急)诊电子病历的，经患者或者其法定代理人同意，其门(急)诊病历可以由医疗机构负责保管。

住院病历由医疗机构负责保管。

第十一条 门(急)诊病历由患者保管的，医疗机构应当将检查检验结果及时交由患者保管。

第十二条 门(急)诊病历由医疗机构保管的,医疗机构应当在收到检查检验结果后 24 小时内,将检查检验结果归入或者录入门(急)诊病历,并在每次诊疗活动结束后首个工作日内将门(急)诊病历归档。

第十三条 患者住院期间,住院病历由所在病区统一保管。因医疗活动或者工作需要,须将住院病历带离病区时,应当由病区指定的专门人员负责携带和保管。

医疗机构应当在收到住院患者检查检验结果和相关资料后 24 小时内归入或者录入住院病历。

患者出院后,住院病历由病案管理部门或者专(兼)职人员统一保存、管理。

第十四条 医疗机构应当严格病历管理,任何人不得随意涂改病历,严禁伪造、隐匿、销毁、抢夺、窃取病历。

第四章 病历的借阅与复制

第十五条 除为患者提供诊疗服务的医务人员,以及经卫生计生行政部门、中医药管理部门或者医疗机构授权的负责病案管理、医疗管理的部门或者人员外,其他任何机构和个人不得擅自查阅患者病历。

第十六条 其他医疗机构及医务人员因科研、教学需要查阅、借阅病历的,应当向患者就诊医疗机构提出申请,经同意并办理相应手续后方可查阅、借阅。查阅后应当立即归还,借阅病历应当在 3 个工作日内归还。查阅的病历资料不得带离患者就诊医疗机构。

第十七条 医疗机构应当受理下列人员和机构复制或者查阅病历

资料的申请,并依规定提供病历复制或者查阅服务:

(一)患者本人或者其委托代理人;

(二)死亡患者法定继承人或者其代理人。

第十八条 医疗机构应当指定部门或者专(兼)职人员负责受理复制病历资料的申请。受理申请时,应当要求申请人提供有关证明材料,并对申请材料的形式进行审核。

(一)申请人为患者本人的,应当提供其有效身份证明;

(二)申请人为患者代理人的,应当提供患者及其代理人的有效身份证明,以及代理人与患者代理关系的法定证明材料和授权委托书;

(三)申请人为死亡患者法定继承人的,应当提供患者死亡证明、死亡患者法定继承人的有效身份证明,死亡患者与法定继承人关系的法定证明材料;

(四)申请人为死亡患者法定继承人代理人的,应当提供患者死亡证明、死亡患者法定继承人及其代理人的有效身份证明,死亡患者与法定继承人关系的法定证明材料,代理人与法定继承人代理关系的法定证明材料及授权委托书。

第十九条 医疗机构可以为申请人复制门(急)诊病历和住院病历中的体温单、医嘱单、住院志(入院记录)、手术同意书、麻醉同意书、麻醉记录、手术记录、病重(病危)患者护理记录、出院记录、输血治疗知情同意书、特殊检查(特殊治疗)同意书、病理报告、检验报告等辅助检查报告单、医学影像检查资料等病历资料。

第二十条 公安、司法、人力资源社会保障、保险以及负责医疗事故技术鉴定的部门,因办理案件、依法实施专业技术鉴定、医疗保险审核或仲裁、商业保险审核等需要,提出审核、查阅或者复制病历资料要求的,经办人员提供以下证明材料后,医疗机构可以根据需要提供患者部分或全部病历:

(一)该行政机关、司法机关、保险或者负责医疗事故技术鉴定部门出具的调取病历的法定证明;

(二)经办人本人有效身份证明;

(三)经办人本人有效工作证明(需与该行政机关、司法机关、保险或者负责医疗事故技术鉴定部门一致)。

保险机构因商业保险审核等需要,提出审核、查阅或者复制病历资料要求的,还应当提供保险合同复印件、患者本人或者其代理人同意的法定证明材料;患者死亡的,应当提供保险合同复印件、死亡患者法定继承人或者其代理人同意的法定证明材料。合同或者法律另有规定的除外。

第二十一条 按照《病历书写基本规范》和《中医病历书写基本规范》要求,病历尚未完成,申请人要求复制病历时,可以对已完成病历先行复制,在医务人员按照规定完成病历后,再对新完成部分进行复制。

第二十二条 医疗机构受理复制病历资料申请后,由指定部门或者专(兼)职人员通知病案管理部门或专(兼)职人员,在规定时间内将需要复制的病历资料送至指定地点,并在申请人在场的情况下复制;复制的病历资料经申请人和医疗机构双方确认无误后,加盖医疗机构证明印记。

第二十三条　医疗机构复制病历资料,可以按照规定收取工本费。

第五章　病历的封存与启封

第二十四条　依法需要封存病历时,应当在医疗机构或者其委托代理人、患者或者其代理人在场的情况下,对病历共同进行确认,签封病历复制件。

医疗机构申请封存病历时, 医疗机构应当告知患者或者其代理人共同实施病历封存;但患者或者其代理人拒绝或者放弃实施病历封存的,医疗机构可以在公证机构公证的情况下,对病历进行确认,由公证机构签封病历复制件。

第二十五条　医疗机构负责封存病历复制件的保管。

第二十六条　封存后病历的原件可以继续记录和使用。

按照《病历书写基本规范》和《中医病历书写基本规范》要求,病历尚未完成,需要封存病历时,可以对已完成病历先行封存,当医师按照规定完成病历后,再对新完成部分进行封存。

第二十七条　开启封存病历应当在签封各方在场的情况下实施。

第六章　病历的保存

第二十八条　医疗机构可以采用符合档案管理要求的缩微技术等对纸质病历进行处理后保存。

第二十九条　门(急)诊病历由医疗机构保管的,保存时间自患者最后一次就诊之日起不少于15年;住院病历保存时间自患者最后一次住院出院之日起不少于 30 年。

第三十条 医疗机构变更名称时,所保管的病历应当由变更后医疗机构继续保管。

医疗机构撤销后,所保管的病历可以由省级卫生计生行政部门、中医药管理部门或者省级卫生计生行政部门、中医药管理部门指定的机构按照规定妥善保管。

第七章 附 则

第三十一条 本规定由国家卫生计生委负责解释。

第三十二条 本规定自 2014 年 1 月 1 日起施行。原卫生部和国家中医药管理局于 2002 年公布的《医疗机构病历管理规定》(卫医发〔2002〕193 号)同时废止。